我国药品安全相关法律责任体系研究

——以市场主体责任为视角

Research on the Related Legal Liability

System of Drug Safety in China

—From the Perspective of the Market Subject Liability

刘志强 著

上海交通大学出版社

内容提要

当前我国正处于药品安全立法的关键时期,本书力图从分析药品安全市场主体法律责任制度入手,结合具体的案例分析,找出我国药品安全法律责任体系存在的问题,针对性地提出解决这些问题的具体建议,以供药品立法部门和专业人士决策时参考。

图书在版编目(CIP)数据

我国药品安全相关法律责任体系研究：以市场主体责任为视角/刘志强著. —上海:上海交通大学出版社,2019
ISBN 978-7-313-20634-3

Ⅰ.①我… Ⅱ.①刘… Ⅲ.①药品管理法—研究—中国
Ⅳ.①D922.164

中国版本图书馆 CIP 数据核字(2019)第 068394 号

我国药品安全相关法律责任体系研究——以市场主体责任为视角

著　者:刘志强
出版发行:上海交通大学出版社　　地　址:上海市番禺路 951 号
邮政编码:200030　　　　　　　　　电　话:021-64071208
印　制:当纳利(上海)信息技术有限公司　经　销:全国新华书店
开　本:710mm×1000mm　1/16　印　张:6.25
字　数:108 千字
版　次:2019 年 4 月第 1 版　　　　印　次:2019 年 4 月第 1 次印刷
书　号:ISBN 978-7-313-20634-3/D
定　价:48.00 元

前言 | *Preface*

近年来，我国药品安全领域违法犯罪行为屡禁不止，药害事件频发，严重危害了人民群众的生命健康与社会和谐稳定。政府为解决药品安全问题，采取了修改法律规范、加大监督检查和行政问责力度等多项措施，但由于药品安全法律责任体系存在一些根本问题，如违反药品法律法规所应承担的法律后果，包括四大构成要件。鉴别违法过程困难，且惩罚力度不够，导致以企业为主体的各类市场主体诚信守法动力不足，药品安全问题依然未能得到有效解决。当前我国正处于药品安全立法的关键时期，本书从分析药品安全市场主体法律责任制度入手，结合具体的案例分析，找出我国药品安全法律责任体系存在的问题，针对性地提出解决这些问题的具体建议，主要从以下 4 个方面进行阐述。

首先，运用法学和经济学相关理论，揭示了药品安全有别于其他安全的特殊性，从药品安全责任体系的相关概念厘定出发，阐述了药品安全责任体系的结构、特征、功能等基本理论。

其次，通过语义分析法、比较研究法和案例分析法分析了我国药品安全责任立法及实践中存在的问题，认为从法律制度的角度看，我国药品安全方面市场失灵的根源在于法律责任体系不完善。具体表现为：一是从总体上看，我国长期以来在药品安全管理方面，偏重于行政责任，而对刑事责任和侵权责任重视不足，对市场主体缺乏有效的激励和约束，从而很大程度上削弱了药品安全监管的效果。二是从具体的法律责任设置方面看，在行政责任方面的主要问题是：假劣药品责任划

分不合理,对违法行为惩罚力度不足,未落实关键责任人责任,激励机制不够合理;在刑事责任方面的主要问题是:刑事责任在药品安全中的作用发挥不足,《中华人民共和国刑法》(以下简称《刑法》)对药品安全刑事责任的规定不完善,行刑衔接机制不完善;在药品安全侵权责任方面的主要问题是:药品缺陷界定标准不合理,损害赔偿制度对消费者的保护力度不足。上述问题削弱了法律制度在打击、遏制违法犯罪行为方面的效果,企业守法动力不足,致使我国药品安全问题一直未能得到有效解决。

再次,通过文献研究法对以美国、德国、日本为代表的发达国家药品安全法律责任体系进行了较为系统的研究,总结了发达国家药品监管法律责任和侵权责任的特点。

最后,通过借鉴国内外成功经验,并结合我国实际,提出完善我国药品安全法律责任体系的建议。完善药品安全行政责任,强化药品安全刑事责任,进一步完善药品安全侵权责任。

本书以系统论为导向,将药品安全法律责任看作是一个由行政责任、刑事责任和侵权责任构成的综合体系,综合运用法学、经济学等相关理论,以市场主体在药品安全中的法律责任为主线,较为系统地阐述了药品安全法律责任体系的结构、特征、功能等基本理论,补充了药品安全法律责任体系研究方面的理论空白。全面分析了国外药品安全责任体系建设经验以及我国药品安全责任体系的问题,有针对性地提出了完善我国药品安全法律责任体系的思路和具体措施,突破了当前药品安全法律责任体系研究缺乏系统性和全面性的不足。针对我国药品安全领域资格罚制度的不足,借鉴美国从业禁令制度,提出了扩大资格罚的范围,进一步完善资格罚的执法主体、责任主体、处罚范围、处罚幅度、自由裁量、信息公开、资格罚的终止、违反资格罚的制裁措施等内容的建议。

通过比较我国和发达国家药品监管法律责任中从重以及免责情节的设置,分析了在我国药品监管法律责任设计中激励机制的不足,提出改进当前行政法律责任激励机制的具体建议。同时比较了我国与发达国家药品安全刑事责任设立方面差异,分析了我国药品安全刑事责任的不足,提出了重构刑事责任体系的路径。

从责任主体角度看,药品安全法律责任包括市场主体责任和政府监管责任两个方面,两者对于药品安全都至关重要。本书引用了大量法律法规,主要就市场主体法律责任进行了深入的探讨,政府监管责任有待于后续进一步研究。

本书可供有一定专业背景的读者阅读,也可供药品立法部门和专业人士决策时参考。由于时间精力所限,书中存在的疏漏、错谬或值得商榷之处,恳请读者批评指正。

目 录 | *Contents*

1 绪论

    药品是用于预防、治疗、诊断疾病的特殊商品,事关人民群众生命健康与社会和谐稳定。2001 年以来,我国医药行业发生了巨大变化,医药工业总产值已由 2001 年的 0.21 万亿元增长到 2016 年的 3.24 万亿元,在国民经济中的地位稳步提高,患者用药安全性和可及性大幅提升[1]。然而,2006 年以来,我国药品安全形势异常严峻,连续发生了"齐二药""欣弗""刺五加注射液""甲氨蝶呤注射液""毒胶囊""银杏叶提取物""山东疫苗""长春长生疫苗"等一系列影响恶劣的严重药品安全事件,人民群众的用药安全受到极大威胁。药品安全关系公众生命健康,保证药品的质量和安全是市场主体最基本的义务。由于从事药品研发、生产、经营和使用等各项活动的市场主体与监管机构之间存在严重的信息不对称,在制度不完善的情况下,市场主体为了获取超额利润,难免会利用其信息优势从事违法活动,损害消费者的合法权益,而监管机构因为监管资源有限,无法每时每刻对市场主体的经济活动进行全程监管,难以避免所有违法行为的发生。法律责任是权利得以实现、义务得以履行的重要保障,也是法律具有威慑力和强制力的重要前提。科学的法律责任设计有利于强化行为主体责任意识,确保他们忠诚于法律规范而不实施违法行为;有利于在药品安全领域建立鼓励诚信守法的制度环境,促使医药产业进入良性发展的轨道。因此,在现代市场经济下,维护药品安全需要有效发挥法律责任制度所具有的激励、约束作用。

1.1 药品安全的研究背景

研究药品安全相关法律责任时,以下三个问题值得关注。

一是《中华人民共和国药品管理法》(以下简称《药品管理法》)中部分法律责任规定已明显滞后于现实监管需要。现行《药品管理法》发布时,其理念及具体条款修订方面,都有着前所未有的进步,促进了医药行业的健康发展。尽管如此,我们在进行药品监管时却发现,当时认为严格的监管和处罚现在明显不那么有效了。随着时代的变化,药品安全监管面临着来自于全球化、科技进步和信息化、公众日益增长的健康需求等诸多方面的挑战。因此,监管理念手段和措施都需要与时俱进。

二是我国刑事责任设置与药品安全监管之间存在脱节。美国、德国、日本等发达国家都是针对药品监管的需要,在药品法中直接设立刑事责任,实现了刑事责任与药品安全监管的紧密结合。而我国刑事责任却独成体系,专门针对药品安全的刑事责任规定很少,对药品安全犯罪的归类和责任设置对药品安全监管来说均有不合理之处,限制了刑事责任在药品监管中的作用。

三是我国有关药品侵权责任对缺陷界定、损害赔偿的法律规定存在诸多不合理之处,受害人往往得不到有效的保护,在一定程度上降低了侵权责任对于市场主体的约束效果。

面对药品安全的严峻形势,我国政府部门对药品安全责任问题高度关注。2007 年,《国家食品药品安全“十一五”规划》提出了按照“地方政府负总责,监管部门各负其责,企业作为第一责任人”建立健全食品药品安全责任体系的要求。2015 年,习近平总书记强调“用最严谨的标准、最严格的监管、最严厉的处罚、最严肃的问责,加快建立科学完善的食品药品安全治理体系”[2]。围绕保护公众用药安全这一目标,我国政府近年来从法律、政策、体制、机构等层面进行了调整,加大了药品监管力度,查处了大量违法犯罪行为,药品安全形势有所缓和,但由于药品安全法律责任体系仍存在一些根本问题,导致市场主体诚信守法动力不足,公众健康仍频频受到一些人为药品安全问题的威胁。因此,在当前形势下,进一步建立健全药品安全责任体系是我国面临的一项紧迫而重要的任务。

目前,理论界对我国对药品安全法律责任的研究较少,主要集中在某个方面的法律责任研究上,尚未有对药品安全法律责任体系的系统分析和深入研究。为了填补这一空白,本书力图从市场主体法律责任制度入手,系统分析整个药品安全相关责任体系存在的问题,找出导致药品安全问题的制度原因,针对性地提出完善这些制度缺陷的具体建议,以期为药品安全立法工作提供参考。

1.2 药品安全法律责任的国内外研究

20世纪以来,由于与药品伤害有关的安全事件不断发生,人们逐渐认识到药品是一种兼具获益和风险的特殊产品,并对其安全问题予以特别关注,各国均在药品安全领域制定了专门法律。鉴于药品的特殊性,有的国家还在民事、刑事相关法律中对药品安全相关法律责任问题做出了专门规定。总体看来,目前学术界对药品安全法律责任的研究主要集中在以下几个方面。

1.2.1 药品安全法律责任的国外研究

现有文献关于国外药品安全责任的研究,主要以西方一些发达国家为研究对象,其中关于药品侵权责任的研究居多。

1) 药品安全监管法律责任的研究

周延安等[3]学者对我国和美国、加拿大、新加坡、澳大利亚、日本、韩国的药品安全监管法律责任制度进行了比较研究,认为完善药品监管法律责任对提高药品安全监管水平至关重要。

王雷等[4]对欧盟上市许可人制度下药品安全责任主体的职责义务和法律责任进行了详细的梳理和分析,为我国构建上市许可人制度下药品安全法律责任体系提供了建议。

袁丽等[5]对美国食品、药品与化妆品法案(Food, Drug and Cosmetic Act, FDCA)框架下追究临床研究者造假刑事责任的路径进行了研究,认为临床研究者在造假的制约机制中发挥着关键的作用。美国将临床试验造假的法律责任落实到研究者个人,通过颁布限定研究者维护准确试验记录责任的条款,建立了FDCA框架下追究研究者造假刑事责任的路径,有助于遏制临床试验造假的发生。

孙宇昕等[6]深入研究了美国食品药品监督管理局药物临床试验违法处罚制度,详细分析了申请人、研究人员、伦理委员会不同法律主体的行政和刑事法律责任适用情形与处罚,为完善我国药物临床实验法律制度提供了依据。

班克庆[7]考察了美国食品药品规制中的关于轻罪的严格刑事责任发展过程,认为美国在将近一个世纪的时间里很少有发生食品药品重大案件,与其在食品药

品规制中推行严格刑事责任原则分是不开的。

2) 药品安全侵权责任的研究

唐晋伟[8]对德国药品责任制度中对潜在损害的界定进行了研究,认为德国《药品法》能够充分考虑药品使用过程中安全性的重要,规定药品制造者须对药品的设计、制造和说明缺陷承担严格责任的同时,还须对药品设计中存在的潜在风险给用药者造成的损害承担责任,体现出德国立法者对于对用药者健康权的高度重视。

叶正明在《德国药品责任制度的法理评析及启示》[9]一文中研究了德国药品侵权责任立法的背景、法理依据、药品缺陷损害的归责原则和救济制度,认为德国药品法采用无过失责任与赔偿基金并行制度、以消费者权利保护为核心的责任制度以及利益衡平的损害救济制度,最大限度地保护了受害人权利,而且兼顾了产业发展利益。

叶正明在《美国药品侵权责任制度的演变及其发展趋势》[10]一文中研究了美国药品侵权责任的归责理论的演绎进程,并对处方药设计缺陷、制造缺陷以及使用说明或警示缺陷3种缺陷类型的判断与责任适用条件进行了分析,认为虽然《侵权法重述第三版:产品责任》第6节在规定了处方药缺陷的归责原则适用严格责任,但其对处方药设计缺陷、使用说明或警示缺陷在严格责任的适用上的严格限制,使得真正适用药品严格责任的只局限于制造缺陷,对于设计缺陷、说明或警示缺陷责任适用的仍然是传统意义上的过失责任。对于美国药品缺陷责任的归责原则,焦艳玲等[11]也提出了相同的研究观点。

1.2.2　药品安全法律责任的国内研究

对我国药品安全法律责任问题相关的研究文献主要从以下五个方面展开。

1) 药品安全法律责任体系的研究

邵蓉等[12]对药品安全责任体系的基本要素进行了研究,认为完善的药品安全责任体系应具有明确的责任主体、法律责任、法律后果和通畅的问责渠道4个要素。

杨娜[13]认为我国药品安全责任体系存在的问题是:有关法律对地方政府、监管部门以及企业三方的责任界定不清晰,部分监管者责任意识淡漠,建议我国应从以下两个方面建立药品安全责任体系:一要以法律的形式将各方的责任明确化和具体化,使各方责任具有合法性和操作性;二要建立相应的责任追究机制,对过失方采取必要的惩罚措施。

朱伯科等[14]研究了我国目前药品安全责任体系的内涵,各方主体的法律地位分析以及违法责任追究等内容,从明确法律依据、建设药品安全问题的预防体制、准确定位《药品生产质量管理规范》(GMP)制度下责任主体之间关系,明确定位药品召回行为的法律责任几个方面提出了我国建立药品安全责任体系的建议。

针对当前我国药品研发者、生产者、经营者安全责任划分不清的问题,邵蓉等[15]对药品上市许可人制度下的药品安全责任分配体系进行了研究,认为我国法律法规体系对相关主体的药品安全责任划分不明确,在药品安全侵权事件中,研发者、生产者、经营者等容易互相推诿或抗辩脱责,导致受害者难以获得损害赔偿。建议我国在未来 MAH 制度下的药品安全责任体系中,将 MAH 作为药品安全第一责任人,其余研发者、生产者与销售者在各自职能范围内承担相应责任。

2)药品行政责任的研究

关于药品行政责任的研究中较有代表性的有以下。

上海市食品药品监督管理局唐民皓等[16]对《药品管理法》行政法律责任实施过程中存在的问题及制度创新进行了研究,调查和总结了上海市一线药品执法人员及全国在执行《药品管理法》法律责任中存在的困难和问题,借鉴国内外法律制度创新的经验,提出了修改《药品管理法》法律责任部分的意见和建议。

不同的归责原则对责任主体行为产生不同的影响,它关系到法律实施的效果。舒波[17]针对我国行政法对行政法律责任的归责原则没有统一规定,理论和实践上有分歧的现状,以合法、高效、公正为准则提出了药品行政责任的归责原则,即一般违法行为采取违法责任原则,销售(使用)假劣药品行为采取无过错责任原则与过错责任原则相结合为例外。

3)药品安全侵权责任的研究

虽然现实生活中药品侵权事件屡见不鲜,但长期以来我国药品侵权责任领域法制建设滞后,救济制度不完善,使受害人的权益得不到合理维护。2009 年,《中华人民共和国侵权责任法》(以下简称《侵权责任法》)出台以后,药品民事侵权责任问题更是成为国内学术界的一个研究热点,发表了不少有价值的文献。总体而言,目前关于药品侵权责任的研究较为系统而深入,主要集中于药品缺陷的定义与类型、归责原则、药品侵权责任的构成要件、主体、免责事由、责任承担方式等方面。

詹振兴[18]结合现行的《中华人民共和国产品质量法》(以下简称《产品质量法》)、《侵权责任法》和中外产品责任理论,对我国药品侵权责任进行了研究,提出药品侵权责任主要分成两种类型:一类是由于药品缺陷引起的侵权责任;一类是由于药品不良反应引起的责任。较为系统地分析了药品缺陷的本质与类型、药品侵权责任的构成要件、主体、承担责任的形式、免责事由,并探讨了药品不良反应责

任与救济方式。他认为目前我国缺少专门的药品侵权责任及救济制度,当患者遭遇药害事件的时候,不能很好地得到合法、合理的法律救济,建议我国应借鉴发达国家经验,对药品侵权责任进行专门立法,使其与一般的产品责任有所区别。

徐喜荣[19]通过比较不同国家的相关立法与判例,对药品缺陷责任的归责原则、因果关系的举证责任、免责事由等相关理论进行研究后,得出如下结论:①药品缺陷责任中,对生产者、销售者应适用严格责任,医疗机构作为医疗专业服务提供者,应适用过错责任;②因药品损害的累积性、持续性、技术性、复杂性等特点,药品缺陷责任的因果关系应实施推定原则;③药品乃是不可避免的不安全产品,应允许就发展风险抗辩,发展风险所致的损害,应通过完善药品不良反应损害救济机制予以补偿。

叶正明[20]从法学的角度对药品缺陷的判断标准与具体认定、药品侵权责任因果关系适用理论等法律问题进行了研究,认为药品侵权责任是一种特殊的产品责任,这种产品责任的构成与一般产品责任有所区别,主要表现在药品缺陷的判断标准应采用不合理危险标准,而非质量标准;在缺陷与损害之间因果关系判断上可适用即流行病学或病因学和市场占有率决定因果关系理论;为确保受害人的合法权益,发展缺陷或科技抗辩不能作为免责事由。

不少学者认为,我国药品侵权领域惩罚性赔偿制度不足,企业违法成本过低,是导致药品安全问题得不到有效解决的原因之一。

罗冠杰[21]认为,我国目前的药品民事责任设计很难起到惩罚、威慑违法医药企业和激励药品受害人维权的作用,民事责任应有的社会功能无从体现,建议我国药品安全责任领域建立惩罚性赔偿制度,并从立法形式、适用条件、赔偿数额三个方面提出了药品安全责任领域建立惩罚性赔偿制度的立法构想。

汤涵等[22]认为惩罚性赔偿制度可以弥补我国对药品损害事件法律责任的立法不足,规制医药企业违法行为,提高药品领域的监管效率。建议在我国《药品管理法》中引入相关内容,并明确我国药品领域引入惩罚性赔偿的适用条件以及如何确定惩罚性赔偿的数额等。

此外,部分学者还从法律经济学的角度对药品安全领域适用惩罚性赔偿制度的理论和立法问题进行了研究。这方面典型的研究成果有冯博的《从"鼓励性惩罚"到"惩罚性赔偿"——食品药品安全问题的法律经济学分析》[23]、许亚姣的《食品药品安全领域惩罚性赔偿制度研究》[24]等。

4) 药品安全刑事责任的研究

目前,关于药品安全刑事责任的研究范围涵盖了药品注册、生产、经营、使用、监管渎职等有关领域,主要集中于药品安全犯罪的定罪标准、分类、责任承担形式等研究。

李广德[25]针对我国临床试验数据造假问题,运用刑事法律责任的原理、制度分析了我国临床实验数据造假的刑事责任的正当性与可能性,认为在现有法律体系下,通过修正案来进行刑事立法是完善临床试验刑事法律责任的必然选择。

张佳佳[26]研究了生产者在药品安全事件中可能涉及的刑事责任及其法律适用问题,借鉴国外涉药犯罪的立法经验,提出了对《刑法》中部分条款的修改建议。

刘健等[27]分析了 2009 年两高院的相关司法解释和 2011 年《中华人民共和国刑法修正案(八)》第二十三条关于生产、销售假劣药品罪的相关规定。在生产、销售假劣药刑事责任的认定方面存在的问题,针对法律适用过程中的具体问题,如假药和劣药的界定,生产、销售假药犯罪的法定加重情节认定的事后审查机制,生产、销售假药的罚金刑的额度以及"销售金额"的理解等,提出了相应的建议。

5) 药品安全法律责任的其他研究

另外,国内部分学者还对药品安全某个环节或某个方面的法律责任问题进行了研究。如杨悦、李野[28]对药品不良反应涉及的法律责任进行了研究,姜晓磊[29]对药品虚假广告发布者的法律责任进行了研究,等等。

1.3 药品安全问题研究的目的和意义

1.3.1 研究目的和切入点

目前,国内外对药品安全法律责任体系的研究可以归纳为三个方面:①依据不同的责任类型,针对药品的行政、民事和刑事法律责任的研究;②根据药品安全管理过程,针对临床、生产、经营、使用、广告等不同环节的法律责任研究;③关于药品安全法律责任体系的初步研究。相关研究从不同的角度对药品安全责任问题进行了探索,提出了一些有价值的研究思路、方法和建议,也提供了丰富的理论基础。其不足之处在于对我国药品安全相关法律责任体系缺乏系统、全面和深入的研究,难以从总体上把握药品安全责任体系的本质,不利于我们深入探究药品安全的制度性和系统性问题。

本书以市场主体药品安全法律责任为切入点,主要从理论上论述下列问题:①系统研究药品安全法律责任体系基本理论;②针对我国药品安全领域的市场失

灵问题,从法律文本和法律实施层面分析我国药品安全法律责任体系的现状及不足之处;③系统梳理国际上发达国家药品安全法律责任体系建设的成功经验以供我国参考;④基于国内外成功经验,提出完善我国药品安全法律责任体系的设想。

结合我国当前面临的药品安全问题,系统分析药品安全法律责任体系存在的问题,从法律责任制度层面探讨药品安全问题的根源,进而提出完善我国药品安全责任体系的建议,以供立法者和专业人士决策参考。

1.3.2 研究意义

法律是由权利、义务和法律责任三个要素组成的,法律责任是权利得以实现、义务得以履行的重要保障,也是法律具有威慑力和强制力的重要前提,因此法律责任在药品安全管理中具有重要作用。

(1) 完善药品安全法律责任体系,是解决药品安全问题的有效途径。药品安全相关主体严格按照法律规范从事研发、生产、经营、使用等活动,是确保药品安全的根本要求。法律责任通过使违法者承担不利的法律后果,促使药品安全各项法律规范得以有效执行,保障公众用药安全。

(2) 完善药品安全法律责任体系有利于促进社会和谐稳定。从历史上发生的药害事件看,药品安全问题不仅加大了对公众健康损害的风险,而且影响广泛,极易引起社会公众的心理恐慌和非理性行为。倘若药品安全不能得到有效保障,势必影响人民群众的幸福感、安全感和对政府的满意度。进一步完善药品安全法律责任体系,可以有效遏制违法行为,保障公众用药安全,促进社会和谐稳定。

(3) 完善药品安全法律责任体系能够促进医药的产业健康发展。药品安全领域存在严重的信息不对称,药品生产者具有绝对的信息优势,而购买药品的消费者往往难以辨析产品真伪优劣,政府必须对药品进行严格的监管。完善药品安全法律责任可以提高不法分子的违法成本,提高打击违法犯罪效率,创造诚信守法、公平竞争的市场环境,促进医药产业健康发展。

(4) 有助于丰富和发展药品安全法律责任理论。目前,学术界对于药品安全法律责任体系缺少系统、全面的研究,加强药品安全法律责任体系研究,可以从责任的视角全面审视我国药品安全立法和执法中的不足,发现一些药品安全的深层次的问题,填补药品安全法律责任理论空白,并为药品安全治理工作提供新的思路和视角。

1.4 药品安全问题的研究方法

1.4.1 文献研究法

通过收集、整理与药品安全法律责任相关的学术文献、书籍、法律法规和新闻报道,可了解我国药品安全法律责任体系研究的现状,总结分析现有研究成果存在的不足及问题,并从中寻找研究突破口。

1.4.2 案例研究法

每一起药品安全事件的爆发都与药品安全责任有着密切的联系,因此,本文以近年来国内发生的一些典型的药品安全事件为样本,可分析我国药品安全法律责任体系存在的问题及其根源。

1.4.3 比较研究法

欧洲发达国家、美国、日本等在药品安全管理方面积累了丰富经验,选择这些药品安全立法较为完善的国家,比较我国与这些国家在药品安全法律责任设计方面的差异,有助于广开思路,进而借鉴、吸收先进经验,对于完善我国药品安全法律责任体系具有重大价值。

1.4.4 理论诠释法

市场经济主体选择守法或者违法行为的背后,隐藏着深层次的经济上的原因。法律责任的惩罚和遏制功能与经济学的成本-收益理论有很大程度上的契合。借用法经济学中的侵权责任理论、管制理论、理性犯罪模型分析药品安全法律制度和具体案例,有助于探讨我国药品安全法律责任设计方面的深层次问题。

1.4.5 语义分析法

语义分析法是"通过分析语言的要素、结构、语源、语境,而澄清语义混乱,求得真知的一种逻辑实证方法"[30]。法律制度是一种语言形式,法律的制定与运用都离不开对法律文本语义的解释和分析。法律上的许多问题往往来源于法律文本中某些词语、概念含义不清、混乱或者存在漏洞,导致法律无法有效实施,偏离预期的价值目标。运用语义分析法,对国内外药品相关法律文本进行系统分析,可从中发

掘有价值的启示和问题。

1.5 药品安全问题的研究思路与框架

基于问题导向,以市场主体药品安全相关法律责任为研究对象,通过系统阐释药品安全法律责任体系基本理论,全面分析我国药品安全法律责任体系现状及存在的问题,同时总结、比较、借鉴发达国家经验,在此基础上提出完善我国药品安全责任体系的建议。具体的研究思路与框架如图1-1所示。

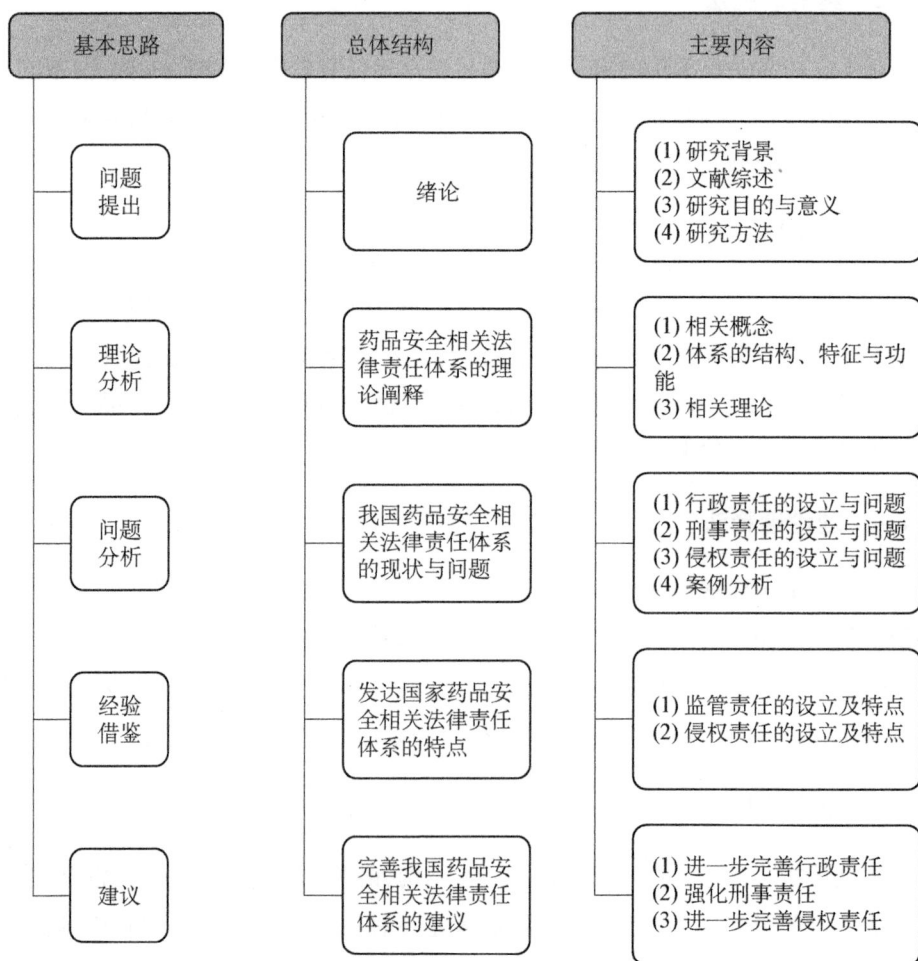

图1-1 药品安全问题的研究思路与框架

2　药品安全法律责任体系的理论阐释

法律责任是法律的基本组成部分之一。缺少法律责任的支持,法律规定的各项权利、义务就无法得到保障,法律也就失去了应有的威慑力和强制力。因此,构建科学合理的法律责任体系是实现药品安全规制目标的前提和保证。研究药品安全法律责任体系,首先应明确药品安全法律责任体系的相关概念、结构、特征和功能等基本理论,以此作为我国药品安全责任体系的实证研究的基础。

2.1　相关概念的解释与界定

2.1.1　责任

责任是人类社会实践活动的一个关键概念,"人的使命、人的价值、人的力量都与人的责任联系在一起"[31]。由于责任具有丰富的内涵,常在哲学、伦理、政治、行政、司法、管理等领域广泛使用并发挥着重要的作用。正如弗雷德里克·莫舍(Fredrick Mosher)所说:"在公共行政和私人部门的所有词汇中,责任一词是最重要的"[32]。

我国现代汉语词典中,将"责任"一词概括为两层基本含义:"一是指分内应做的事;二是指没有做好分内的事,因而应当承担的过失"[33]。前者蕴含着责任主体对某人或某事应承担的义务或职责,是一种积极意义上的责任;而后者则是责任主体违反某种义务所承担的否定性后果,常与谴责、惩罚等相联系,指的是一种消极

意义上的责任。

在英文中，"责任"一词常有以下几种表达方式：responsibility，duty，accountability，liability，这些单词均有责任的含义而在不同的语境下使用。如：描述一个人或组织具有责任感常用 responsibility，表示"义务、职责"时常用 duty，强调责任追究时常用 accountability，法律上的责任常用作 liability，等等。

在各种学术研究中，国内外学者们从不同的专业角度对"责任"做出了各种不同的解释。

张文显在《法学基本范畴研究》中考证了责任的内涵：一是分内应做的事，实际上是角色义务；二是特定的人对特定的事项的发生、发展、变化及其成果负有积极的助长义务；三是没有做好分内之事或没有履行助长义务而应当承担的不利后果或强制性义务[34]。

北京大学公共管理学教授张国庆认为"责任"一般有三重含义：一是指分内之事，二是指一定的行为主体须对自身行为负责；三是指违背义务的行为要受到相应的追究和制裁[35]。张国庆教授关于责任的解释实质上包含了义务、归责和责任追究三个互相关联的部分。

有的学者认为责任概念具有广义和狭义两种含义。如中国政法大学教授王成栋认为："广义的责任是指在政治、道德或在法律等方面所应对的行为的程度和范围；狭义的责任则指违反某种义务（政治的、道德的或者法律的）所应承担的后果，这种后果往往与谴责、惩罚联系在一起，因而是不利的后果[36]"。

澳大利亚公共行政学家欧文·E.休斯教授从委托—代理关系的角度解释了责任的含义，认为"责任"一词的最基本含义是，以他人或团体名义行动的人要向这个人或团体汇报工作，或者以某种方式对这个人或团体负责"[37]。这一含义中，所谓"责任"实际上是确保代理人按照委托人的愿望行事的一种机制。

美国南加州大学教授特里·L.库帕在《行政伦理学：实现行政责任的途径》一书中将责任这一概念划分为客观责任和主观责任两个方面。客观责任在具体形式上包括职责和应尽的义务两个方面。职责是指对某人或某集体负责，义务是指对某一任务、人员管理和实现某一目标负责。客观责任来源于法律、组织机构、社会对行政人员的角色期待，而主观责任根植于我们自己对忠诚、良知、认同的信仰，即对某事和对某人负责的感情和信仰[38]。根据库帕教授的"责任二分法"，任何责任都具有主观性和客观性两个属性。

由此可见，由于看待问题的角度和研究的需要不同，人们往往对"责任"的含义做出的解释也不同。概括起来，在基本含义方面，"责任"通常有广义和狭义之分。

广义的责任是在政治、经济、法律、社会、道德等领域里某一特定的角色所应积极履行的职责和义务,以及违反某种义务所应承担的否定性后果。而狭义的责任是仅指某一主体违反政治、经济、法律、社会或道德的某种义务所应承担的否定性后果,如谴责、惩罚等,是一种不利的后果。简言之,广义的责任包括职责、义务和否定性后果三个内容,而狭义的责任仅指违反某种职责和义务所承担的否定性后果。"如果我们要问某一个词在特定语境中的用法,那么往往不是去谈论这个词旨在指称什么,而是去谈论这个词的应用,使我们更接近解决这个问题[39]"本书中采用狭义的责任,正是因为该定义更接近本书所要解决的问题。

2.1.2 法律责任

如同"责任"一词一样,学界对于"法律责任"的概念也没有统一的观点,概括而言,主要有如下几种观点。

(1) 处罚说。该观点将法律责任看作是对违法者的处罚、惩罚或制裁。例如,凯尔森认为,"法律责任是与法律义务相关联的概念。一个人在法律上对一定的行为负责,或者他对此承担法律责任,意思就是,如果做相反的行为,他应受到制裁"[40]。

(2) 义务说。该观点将法律责任视为某种义务。例如,《布莱克法律词典》将法律责任解释为"因某种行为而产生的受惩罚的义务及对引起的损害予以赔偿或用别的方法予以补偿的义务"[41]。张文显教授认为,"法律责任是由于侵犯法定权利或违反法定义务而引起的、由专门国家机关认定并归结于法律关系有责主体的、带有直接强制性的义务,即由于违反第一性法定义务而招致的第二性义务"[42]。

(3) 负担说。该观点将法律责任看作是一种强制性负担。持这一观点的典型代表如刘作翔、龚向和认为,"法律责任是有责主体因法律义务违反之事实而应当承受的由专门国家机关依法确认并强制其承受的合理的负担"[43]。冯军将刑事责任定义为"法院依法确定行为人违反了刑事义务并且应受谴责后强制行为人承受的刑事负担"[44]。张智辉先生认为,刑事责任的定义应当表述为"体现国家对犯罪的否定性评价并由犯罪人来承受的刑事上的负担"[45]。

(4) 后果说。该观点认为法律责任是一种法律上的不利后果。例如,林仁东教授认为,"法律责任是指一切违法者,因其违法行为,必须对国家和其他受到危害者承担相应的后果"[46]。沈宗灵教授认为,"法律责任是指行为人由于违法行为、违约行为或者由于法律规定而应承受的某种不利的法律后果"[47]。刘彦辉教授认为,"法律责任是行为人违反法律义务而产生的对自己不利的法律后果"[48]。张梓

太教授认为,"法律责任是由于违反法定义务、约定义务或因法律有特别规定,法律迫使行为人或其关系人承受的一种不利的法律后果"[49]。

处罚说将法律责任看作是对违法者处罚、惩罚或制裁,忽略了有法律责任在某些情形不一定就要受到处罚的现实。特别是在民法领域,一些民事责任承担方式如赔偿损失、停止侵害、恢复名誉、消除影响等均不属于处罚。义务说的缺陷在于忽视了义务只是责任产生的前提,因而混淆了责任与义务的关系,在法律上容易引起认识的混乱。负担说的不足之处在于"负担"一词不是一个严格的法律术语,而且在日常用语中,负担既可作为责任使用,又可以作为义务使用,其含义的模糊性容易导致法律责任概念模糊不清。后果说指出法律责任是行为人因违法行为而承担的不利的法律后果,揭示了法律义务与法律责任两者之间的因果关系,语言表述简练、清晰,不容易产生歧义,比较符合我国法律用语习惯,故本文赞同后果说,即认为法律责任是行为主体违反法定义务而应承担的某种不利法律后果。法律责任本质上是国家对违法行为所给予的否定性评价,这种否定性评价表现为违法者必须对其违法行为承担相应的不利法律后果。因此,法律责任具有法定性和强制性的特点,准确理解法律责任的本质,对于构建科学合理的法律责任体系具有十分重要的意义。

2.1.3　药品安全

目前,国内外对药品安全尚无统一的定义,现有文献中对药品安全的含义做过不同的阐述,比较典型的如下。

尚鹏辉等将药品安全的涵义总结为"通过对药品研发、生产、流通、使用全环节进行监管所表现出来的消除了外在威胁和内在隐患的综合状态,其范畴界定为质量符合标准、不良反应在可接受的范围内、临床无用药差错和可及性 4 个部分"[50]。

胡颖廉认为,药品安全的概念"包括产业安全(pharmaceutical security)和质量安全(drug safety)两个层面。前者指本国药品数量和种类能够满足患者基本需求;后者则是指药品对人体健康不造成危害,也就是药品质量安全、有效、可控"[51]。

林虹认为,药品安全主要包括以下内涵:质量可控性、药品可及性、使用合理性、药品产业安全 4 个方面内容[52]。

上海市食品药品安全研究中心认为,"药品安全是一个相对安全的概念,其内涵是指通过政府全面、有效的管理,企业在药品研发、生产、流通、使用等环节依法实施,使药品的外在风险和内在隐患控制在可接受的范围内"[53]。

综合上述研究,药品安全也有广义和狭义两种理解。广义的药品安全包括质量安全和数量安全,而狭义的药品安全仅指质量安全。质量安全包含以下三个方面。

(1) 药品安全具有相对性。由于药品是一种特殊商品,既可以用来预防、治疗和诊断疾病,又对人体具有一定的风险,没有绝对安全的药品,衡量药品安全性大小依据的是获益/风险评价标准。

(2) 药品安全指的是一种风险可控的状态。其内涵是在确保药品有效性的基础上,通过有效的管理将风险控制在合理的范围之内,因此风险管理是药品安全管理的核心内容。

(3) 药品安全具有全过程性。其范围涵盖研发、生产、销售、使用、上市后监测、召回、退市等与药品安全相关的各个环节。

2.1.4 药品安全市场主体法律责任

市场主体是指市场上从事交易活动的组织和个人,即商品进入市场的监护人、所有者。它具有自主性、逐利性和能动性等基本特性。市场主体的范围非常广泛,企业、居民、政府和其他非营利性机构皆可参与市场交易活动,从而成为市场主体。基于本研究的目的,本书中的药品安全市场主体是指从事药品研发、生产、销售、使用、广告等各项经济活动的组织和个人,是与监管者和消费者相对而言的各类市场主体。在市场经济下,药品安全市场主体应依法从事药品研发、生产、销售、使用、广告等各项活动,积极履行药品安全相关的法定义务,违反药品安全相关法律规范就要承担相应的法律责任,这种责任即为本文所指的药品安全市场主体法律责任。

2.1.5 药品安全法律责任体系

根据第 7 版《现代汉语词典》的解释,体系是指"若干有关事物或某些意识互相联系而构成的一个整体"[54]。顾名思义,药品安全法律责任体系就是与药品安全有关的各种法律责任构成的一个整体。

2.2 药品安全法律责任体系的结构

药品安全相关法律责任按照不同的分类标准可有不同的类型。基于研究目的,按照违法行为的性质,具体将药品安全相关法律责任分为行政责任、刑事责任

和侵权责任。

2.2.1　行政责任

药品安全的行政责任是指公民、法人或其他组织违反药品安全相关行政法律法规的规定,依法应承担的法律后果。根据我国药品法律、法规和规章规定,行政责任的承担方式主要包括行政处罚和行政处分两种。行政处罚指药品监管部门在职权范围内对违反药品法律规范但尚未构成犯罪的行政相对人所实施的行政制裁,主要行政制裁种类有警告、罚款、没收违法所得和非法财物、责令停产停业、暂扣或者吊销许可证、撤销批准文号、暂扣或者吊销执照、行政拘留等。行政处分指由有管辖权的国家机关或企事业单位依据行政隶属关系对违法失职人员给予的一种行政制裁,其主要种类有警告、记过、记大过、降职、撤职、开除六种[55]。

药品安全行政责任有以下特点。

(1)惩罚与预防相结合。药品作为一种特殊商品,本身有着固有的不确定性风险,其风险可能源自研发、制造、流通和使用各个环节,一旦发生药品安全事件往往带来不可弥补的损害,为此世界各国都通过建立专门的行政法律规范对药品研发、许可、生产、经营、使用、广告、召回、退市进行全过程监管,通过各种行政制裁手段用于事前、事中的风险控制,通过对违法行为的处罚实现遏制违法行为的目的。

(2)灵活高效。为了及时控制和防范风险,各国药品法通常都赋予药品监管部门必要的行政制裁手段,在具体的执法过程中,监管部门可以灵活采用警告,罚款、责令停产停业、暂扣或者吊销许可证、撤销批准文号、发布各种禁令、强制召回等一切必要的手段,防止药品安全事件或扩大。由于这些行政制裁手段一般不需要经过烦琐的司法程序,具有很高的监管效率,因而行政责任在药品安全领域中运用非常广泛。

(3)行政责任的不足之处。首先是严厉性不足。行政责任虽然具有灵活高效的特点,但其对药品安全违法行为的制裁一般只能采取警告、罚款、没收违法财物等措施。这些措施对于那些财力雄厚的公司及其管理者来说,其对公司造成的经济成本常常不足以达到遏制违法行为的目标。其次,行政责任的执法手段有限。一般说来,行政执法手段对于那些经营场所固定的法人组织具有良好的约束效果,而对于那些没有固定经营场所的个人或组织违法行为如非法销售药品、各种隐蔽的非法网络药品广告等力所不及;行政执法手段对于一般性质的违法行为较为有效,而对于一些性质较为恶劣的违法行为,如故意弄虚作假、暴力抗法行为、有组织的制售非法药品等常常无能为力。

2.2.2 刑事责任

药品安全违法行为在某种程度上可产生严重的社会危害后果,当某种违法行为触犯刑法时,就产生了刑事责任。刑事责任实现的方式即刑罚分为主刑和附加刑。主刑包括管制、拘役、有期徒刑、无期徒刑和死刑。附加刑有罚金、剥夺政治权利、没收财产,它们可以附加执行,也可以单独执行。

刑事责任具有以下特点。

(1) 罪刑法定。《刑法》第三条规定:"法律明文规定为犯罪行为的,依照法律定罪处刑;法律没有明文规定为犯罪行为的,不得定罪处刑"[56]。即,行为人实施了刑法明文规定的犯罪才承担刑事责任,否则不承担刑事责任。

(2) 刑事责任是对当事人最为严厉的一种惩罚。刑事责任的追究可能剥夺人的资格、财产、自由甚至生命,使犯罪人的生理、心理上产生极大的痛苦,显然相比其他类型的责任而言是最为严厉的法律责任,惩罚和威慑功能更强。刑事责任作为各种法律规范得以实施的最后一道防线,对遏制药品安全犯罪具有重要作用,是保护民众生命安全、维护社会秩序的有力保障。

刑事责任的惩罚虽然严厉,但根据刑法的谦抑性原则,对于某种危害社会的行为,国家只有在运用民事和行政法律手段都无法奏效时,才能考虑通过刑事立法将其规定为犯罪。刑事责任药品监管中是一种事后惩罚机制,其确立、审判、执行都要经过严格的司法程序,相比行政责任而言缺少灵活性,故不适用于防范药品安全风险。

2.2.3 侵权责任

在药品安全领域,药品安全引发的民事责任主要体现为因药品质量缺陷侵害了消费者生命、健康权益而产生的产品责任。药品侵权责任主体主要为药品生产者、经营者和医疗机构,构成要件一般包括药品缺陷(或未尽义务)、损害事实与因果关系。责任承担方式主要有赔偿损失、消除危险和赔礼道歉等。

药品质量缺陷引发的侵权责任虽然属于产品责任,具有一般产品责任的特点,但由于药品是一种特殊商品,且关系到消费者的生命健康安全,故在侵权责任方面表现出较强的特殊性。

(1) 消费过程信息严重不对称。药品安全具有较强的专业性和复杂性,一般的消费者对药品专业知识往往知之甚少,只能依赖医嘱、药品的说明书、药品广告等来选择和使用药品。而在药品侵权案件中,责任主体通常是专业化药品生产、经

营企业或医疗机构,药品安全信息几乎都控制在施害人手中,消费者几乎无法对损害的发生采取积极的防范措施。

(2) 缺陷认定较为复杂。一般产品如果符合一定的标准,通常可以认定是没有缺陷的。但药品标准与药品安全之间不存在必然的联系,符合法定标准的药品,仍可能存在危害人身安全的风险。因此,国际上通常以存在不合理危险作为判定药品缺陷的标准。

(3) 因果关系判断与举证困难。①药品对人体作用机制十分复杂且存在个体差异,药品经患病服用后在人体内将产生复杂的药理反应,损害结果究竟是患者本身疾病所致,还是药品缺陷所导致,其因果关系往往很难判断。②一些药品作用于人体具有一定的隐蔽性,损害在有可能药品使用后很长时间才发现,期间患者可能同时服用过多种药物,此时要证明损害由何种药品所致就更加困难。因此,药品侵权责任中因果关系的判断尤其具有其特殊性。

(4) 损害赔偿的紧迫性。由于药品缺陷所致人身损害,轻则导致功能障碍,严重者可导致残疾甚至死亡,处置不当极易激发社会矛盾,因此损害的弥补最为紧迫。倘若按照一般侵权责任诉讼程序进行救济,受害人往往得不到及时、公正的补偿,有必要以其他更有效率的救济制度为其应急、补充措施。

这些特性使得药品安全问题引发的侵权责任较一般产品更加复杂。为了使药品侵权责任设置更加合理,德国、美国、日本一些国家法律对药品侵权责任都做出了特殊规定。

合理的侵权责任设计不仅可以保护消费者的合法权益,而且还会对药品安全主体产生有效率的经济激励,通过合理成本以减少药品安全事件的发生。但侵权责任也存在一定的不足:①完美赔偿可能无法实施。只有当可以准确衡量侵害的价值时候,侵权法才能给予完美赔偿,内部化事故成本。但由于人们对健康缺乏客观的衡量标准,药品对人们健康造成的侵害实际上是无法实现完美赔偿的。②对人们的权利保护不足。侵权责任的主要目的是对受害者进行事后补偿,但却对保护人们不受伤害的权利无能为力。③对一些违法犯罪行为力有不逮。在一些药品违法犯罪行为产生的药害事件中,由于药品伤害的因果关系有时不那么明显,以至于受害人难以成功起诉施害人,或者根本没有起诉人,使得违法者逃避了侵权责任。④维权难度大。就药品安全而言,私法救济中受害人有可能面临较为漫长的诉讼周期以及相对不确定性的法律裁断,从而很难维护其法律权利。法院由于专业知识的匮乏,也很难去认定损害与受争议的特定药品之间的因果关系[57]。鉴于侵权责任本身的种种不足之处,无法单独发挥保障药品安全的作用,因而有必要引入其他法律责任加以补充。

2.2.4　不同责任的关系与比较

在药品安全法律责任体系中,行政、刑事和侵权三种责任具有各自不同的性质、功能、优点与不足,在维护药品安全方面具有互补的作用。其中行政责任和刑事责任属于公法性质的责任,其目的是保护公共利益。侵权责任属于私法性质的责任,其目的是保护私人权利。行政责任的主要功能在于控制安全风险,但行政法律责任相比刑事责任而言威慑力较小。刑事责任最为严厉,威慑力也最强,其功能主要是打击和预防犯罪,保护重大的社会公共利益,但刑事责任的承担需要遵循非常严谨的司法程序,其惩罚手段的灵活性及效率均不及行政责任,对于控制和防范药品安全风险无能为力,在药品监管中通常作为威慑手段而存在。侵权责任在药品安全领域主要体现为产品责任,其功能主要在于平衡平等主体之间的人身利益和财产利益,侧重于损害发生之后的救济问题。虽然在惩罚性赔偿制度中,侵权责任也具有惩罚和预防功能,但这些功能在侵权责任中仍是居于次要地位的。合理的侵权责任设计有利于激发受害人维权的积极性和市场主体加强药品安全防范的动力,其不足之处在于民事诉讼往往成本较高且预防功能不足。

2.3　药品安全法律责任体系的特征

2.3.1　惩罚的严厉性

由于药品安全违法犯罪行为直接危害人们的生命安全,严重者可危及社会的和谐稳定,具有极大的社会危害性,因此对违反药品安全法律规范的行为必须给予严厉的惩罚。近年来,我国对《药品管理法》和《刑法》都进行了修订,显著提高了对药品安全违法犯罪行为的惩罚力度。如我国原刑法规定,生产、销售假药的,需要达到足以严重危害人体健康的程度才能定罪,《刑法修正案(八)》删除了"足以严重危害人体健康"的规定,将原来的危险犯改为行为犯,即只要具有生产、销售假药的行为,理论上就可以给予定罪处刑,如果致人死亡或者有其他特别严重情节的,将处十年以上有期徒刑、无期徒刑或死刑,并处罚金或没收财产。又如美国《联邦食品、药品和化妆品法案》对药品临床研究、上市许可、生产、销售、广告等各个环节都设定了罚金、监禁、从业禁令等严厉的刑罚或行政制裁措施,现实中一些企业的罚金可高达数十亿元美金,因触犯联邦法律而构成重罪之人将被终生禁止从事药品

相关行业。

2.3.2 责任的多重性

药品安全法律责任体系是由行政责任、刑事责任和侵权责任组成的综合体系。其中侵权责任属于私法性质的民事责任,目的是为了保护民事主体的合法权益,责任的承担取决于当事人双方的意愿。"民事责任的承担尊重当事人的意思自治。民事主体可以依法主张自己的权利,也可以自愿放弃自己的权利,民事责任的承担可由当事人双方协商解决"[58],即所谓的"民不告,官不究"。行政法律责任和刑事责任属于公法责任,主要目的是为了保护公共利益。与侵权责任强调意思自治明显不同,行政法律责任和刑事责任的承担具有强制性和法定性,它们的认定和追究都必须由国家机关依照法定的程序进行,禁止国家机关与相对人双方通过协商减轻或者免除责任的承担。因此,行政法律责任和刑事责任的承担均需要国家机关的积极介入。侵权责任、行政责任和刑事责任作为三种不同性质的法律责任,一般情况下,三者各自独立存在,并行不悖。同一个行为可能既违反了民法,又违反了行政法或者刑法,由此同时承担两个或两个以上不同性质的法律责任,即发生责任竞合。比如《中华人民共和国民法总则》第一百八十七条规定,"民事主体因同一行为应当承担民事责任、行政责任和刑事责任的,承担行政责任或者刑事责任不影响承担民事责任"[59]。

2.3.3 以维护公众健康为目标

药害事件一旦发生,往往对人类的生命和健康产生灾难性后果,事后无论如何补偿和追责都无法弥补受害者失去生命的代价或健康受损后导致的种种痛苦。因此,药品安全责任设置应以维护公众健康为目标,通过合理的责任设计激励责任主体加强安全投入,主动承担其风险防范的法律义务,减少药害事件的发生。

2.4 药品安全责任体系的功能

2.4.1 惩罚功能

"惩罚不仅是法律责任的固有属性,而且也是法律责任的首要功能"[60]。从法理学的角度看,法律是保护药品安全所必备的手段,以国家强制力为后盾,对不法行为进行惩罚和制裁是法律责任的应有之义。经济学认为违法行为会产生"负外部性",法律责任的功能之一在于用国家强制力矫正"负外部性",通过让行为人自己承受损失(赔偿或惩罚)的方式,将其行为的外部成本内部化,从而弥补受害者的损失,又对行为人产生约束、激励(威慑)作用[61]。

在药品安全法律责任体系中,三种法律责任都具有不同程度的惩罚功能。在公法领域,惩罚是行政责任和刑事责任的基本功能。行政责任的惩罚功能主要表现为对违法者的警告、罚款、没收违法所得和非法药品、责令停产停业、暂扣或吊销许可、禁止上市销售、从业禁令等处罚形式;刑事责任的惩罚功能主要表现为对于实施犯罪行为的单位和个人采取限制、剥夺人的自由或生命,罚金等形式,刑罚是对当事人最严厉的惩罚形式,其目的就是通过严厉的手段打击药品安全领域那些严重危害公众健康的犯罪行为。在私法领域,民事法律责任主要功能不是惩罚,但它也具有执行惩罚的功能,具体表现为侵权责任中的惩罚性赔偿制度。所谓惩罚性赔偿即"法庭判定的超出原告实际损害数额的赔偿,用以惩罚被告实施的特别严重的不法行为及抑制今后类似行为的发生"[62]。因为现实中侵权责任体系不是完美无缺的,施害人的违法行为侵害了一定数量人的权益,但并非所有受害人都能够获得完全补偿,而是存在一个"履行差错",因此,补偿性赔偿制度下施害人付出的成本远低于其对他人造成的损失,这显然难以有效遏制那些性质恶劣、引起严重后果的侵权行为。在民事侵权领域引入惩罚性赔偿制度,在一定程度上可以弥补由于履行差错所导致的效率损失。从侵权法的发展历史看,惩罚功能在产品责任领域有不断增强的趋势。

2.4.2 救济功能

法律责任的救济功能,就是救济法律关系主体受到的损失,恢复受侵犯的权利[63]。在药品安全领域,救济功能主要表现为当药品安全对消费者生命健康造成危害时,补偿受害者的损失。药品侵权的责任主体既可能是各种民事主体,又可能是国家机关,故根据侵权的主体分类,可划分为民事救济和行政救济。民事救济调整的是民事主体之间的法律关系,表现为发生药品侵权事件后施害者对受害者实施的民事赔偿;行政救济调整的是行政机关和民事主体之间的关系,表现为当行政机关及其工作人员不按规定履行法定职责导致药害事件发生时,应对受害者给予行政赔偿。

对药品侵权引发的健康损害来说,虽然完美补偿实质上并不可行,但给予受害者或者死亡者家属一定的经济补偿,可以使健康受损者获得良好的救治和生活保障,使死亡者的家属精神上获得慰藉,有利于化解社会矛盾,平息药害事件的社会

不良影响。因此,药品安全责任体系的救济功能对于稳定社会秩序、促进社会和谐具有重要的作用。

2.4.3 预防功能

法律责任的预防功能就是通过使违法者承担法律责任,教育违法者和其他社会成员,预防违法犯罪行为。国家设置法律责任的目的不仅仅是为了惩罚不法行为,更是向社会表明国家对这些不法行为的否定性态度,即明确违法行为必须承担相应的成本,而且这一成本远远大于违法行为本身所带来的任何预期收益,从而有效预防违法行为的发生。正如英国哲学家哈耶克所言:“课以责任的正当理由,因此是以这样的假设为基础的,即这种做法会对人们在将来采取的行动产生影响;它旨在告之人们在未来的类似情形中采取行动时所应当考虑的各种因素”[64]。法律责任利用的是人们趋利避害的心理,他通过在行为和结果之间建立了明确的预期,从而引导人们在行为时做出理性的选择。因此,法律责任设计应具有明确性、预见性、合理性,使潜在的违法者明白任何违法行为必将受到严厉的惩罚,从而有效发挥法律责任的防范功能。

2.5 药品安全法律的相关理论

2.5.1 法经济学理论

法经济学是 20 世纪 60 年代在美国兴起的一门法学与经济学的社会科学交叉学科,其学科特征是运用经济学的基本理论和分析工具研究法学理论与法律问题。按照法经济学原理,法律制裁就像是价格,并假设人们对于制裁与对价格的反应相同。人们通过减少消费来对较高的价格作出反应。因此,人们对于较严厉的法律制裁的反应是采取更少的会被制裁的行为[65]。与传统法学相比,法经济学借助微观经济学的基本方法对各种法律制度和法律行为的成本和收益进行具体的、量化的分析,从中寻求法律制度的评价标准和法律行为的发生机制,旨在为完善立法提供科学的建议,以便更好地实现法律的公平和效率双重目标。

1) 关于侵权责任的理论

在侵权责任领域,法经济学理论认为,侵权责任的经济学目的就是使施害人和受害人将那些由于未能防范而造成的伤害成本内部化,当潜在的犯错者内部化了其造成的伤害成本时,就会有动力去在有效率的水平上进行安全投资[65],从而减少事故发生的概率。法经济学以最小化社会成本为标准,认为要达到对行为人有效率的激励,法律应调整行为人的私人收益和成本,使之与社会收益和成本相一致。一般情况下,有效的激励机制要求决策人将其行为的边际收益与边际成本内部化[65]。在这一基础上,法经济学从预防水平和活动水平两个维度分析了不同的归责原则,在单边预防和双边预防情形下的激励效果,得出如下结论:对产品侵权事故来说,一般情况下伤害成本的最后承担人会将其所有行为所产生的收益内部化,这些行为是那些可以减少事故的概率和严重程度的行为,包括更多的预防和更少的活动水平。从有效率的预防水平激励方面看,如果效率标准要求只需一方采取预防措施,则无责任原则和严格责任原则与过失责任原则是一样,都符合效率标准。如果效率标准要求双边预防,那么,过失责任原则比无责任原则和严格责任原则可以带来更为有效率的预防激励。从有效率的活动水平激励方面考虑,如果一方的活动水平高于另一方的活动水平,而影响事故发生,效率标准要求选取这样一种责任原则,能使得其活动最能影响到事故发生的一方成为事故伤害成本的最后承担人。为了对当事人双方产生有效率的激励,法经济学理论提出将产品划分为设计缺陷、制造缺陷、警示缺陷,根据影响事故发生所采取的措施属于单边预防还是双边预防采取不同的归责原则。同时,法经济学还对惩罚性赔偿制度的合理性进行了解释。它认为,如果侵权责任体系完美无缺,不存在履行差错的话,赔偿金能够完美地补偿受害人的损失。但现实中侵权责任体系是不完美的,一些施害人为了追求利润最大化,会利用法律的漏洞蓄意降低产品质量控制水平以侵害受害人的合法权益。因此,有必要通过惩罚性赔偿金来遏制那些蓄意而为或具有欺诈性的恶性违法行为,从而弥补履行差错导致的效率损失[65]。

法经济学从一个全新的角度阐释了侵权责任的经济学本质。它告诉我们,通过法律责任设计合理分配事故的成本,可以对责任主体产生有效率的激励。这对于保障公众用药安全和提高公众健康福利来说具有重要的价值。

2) 管制

管制是具有法律地位的、相对独立的管制者(机构),依照一定的法规对被管制者所采取的一系列行政管理与监督行为[66]。按照管制的对象不同,可分为经济性管制和社会性管制。经济性管制是指在自然垄断和存在信息不对称的领域,为防止资源的低效配置和保证利用者的公平利用而对市场主体活动所进行的管制。社会性管制是政府为控制(负)外部性和可能会影响人身安全健康的风险,而采取的行动和设计的措施。由此可知,政府对于药品安全的管制属于社会性管制。

根据法经济学理论,政府对药品安全的管制的理由源于市场失灵,主要表现为

外部性和信息不对称。

(1) 外部性与管制。外部性是指一定的经济行为对外部的影响,造成私人成本和社会成本、私人收益和社会收益偏离的现象[66]。违反药品安全法律规范的行为会导致不安全的产品进入市场,危害消费者的健康,由此产生负外部性。为了纠正负外部性带来的低效率,各国政府采取了各种管制措施,如制定药品标准、发放许可证以及各种强制措施。因为行政管理者有权力命令施害人,在事故发生之前改正其危险性行为,因此管制是一种纠正负外部性的事前强制措施,有利于防范药害事件的发生。

(2) 信息不对称与管制。信息不对称是指有关交易的信息在交易者之间的分布是不对称的,一方比另一方占有较多的相关信息。由于药品属于高技术产品,在研发、生产、使用环节都具有较强的专业性,药品安全相关信息主要有上市持有人、生产者、医师等专业机构和人员所掌握,而一般消费者对药品安全信息知之甚少。因此,在药品安全领域存在着严重的信息不对称现象。拥有较多信息的市场主体常常会利用信息优势从事违法行为损害消费者合法权益,而消费者却无法事前识别药品质量的优劣,只能通过使用药品后获得药品安全信息,但这有可能会侵害消费者的生命健康权益。实践证明,这种信息不对称导致的失灵是市场机制无法解决的。而政府管制具有权威性和强制性,可以运用公共权力对药品上市许可、生产、广告等环节的管制,强制相关安全主体向政府及消费者提供真实全面的安全信息,并通过质量检验、监督检查等方式获取更多信息,以缓解各方信息不对称问题。

根据法经济学理论,政府对于药品安全管制的受益者是消费者群体,而管制成本的承担者也是消费者,因为管制在提高药品安全性的同时,也会提高药品的价格。消费者能够从管制中收益取决于管制的效率,政府在制定管制政策时,应充分权衡管制的成本与收益,尽可能选择高效率的管制政策,增加社会净福利。

(3) 理性犯罪模型。刑事处罚的目标是威慑犯罪,因此,采取有效的威慑策略是成功遏制犯罪的关键。法经济学理论从理性选择犯罪理论出发构建了一个理性犯罪模型[65],以期借此模型预测犯罪并分析威慑策略的有效性。该模型可以简单地用公式表示为:

$$\Delta = y(x) - p(x)f(x)$$

其中,x 表示犯罪严重程度或犯罪数量,Δ 表示犯罪预期净收益,$y(x)$ 表示犯罪收益,$f(x)$ 表示惩罚力度,$p(x)$ 表示惩罚概率,预期的惩罚等于惩罚概率 $p(x)$

乘以惩罚力度 $f(x)$。

该公式的含义是,犯罪的预期净收益 Δ 等于犯罪收益 $y(x)$ 与预期惩罚 $p(x)$ $f(x)$ 之间的差额。通常犯罪分子的收益 $y(x)$ 会随着犯罪严重程度或犯罪数量 x 的增加而上升,但也同时导致侦查、起诉与定罪的努力以及惩罚力度的加大,因而预期的惩罚 $p(x)f(x)$ 将会同时上升。理性的犯罪分子将权衡比较犯罪的收益与刑事法律体系施加的预期惩罚,实现犯罪的净收益最大化。

虽然现实中犯罪的原因复杂多样,这一简单模型无法预测所有的犯罪行为,但该模型仍为我们预测和打击犯罪提供了有价值的理论依据。从中我们可以得出如下重要启示:①通常情况下犯罪行为的发生取决于犯罪的预期收益,当犯罪的预期收益大于零时,犯罪将是有利可图的;当犯罪预期收益小于等于零时,犯罪将无利可图。这说明只有预期惩罚超过犯罪分子的犯罪收益时,才能成功遏制犯罪。②从威慑犯罪策略的角度看,提高刑事责任体系的效率,比如采取加大刑法实施方面的投入以提高刑事责任追究的必然性、快速性和严厉性,可以有效增强威慑效应,达到减少和预防犯罪的目的。③由于行政违法行为与犯罪行为从该模型的经济学原理上看并无本质的区别,故该模型同样适用于行政违法行为的分析。

2.5.2 行政双罚制理论

"双罚制"原本是刑法学上的概念,后来,其法律精神逐渐被行政法所吸收,逐渐在行政法中所广泛使用。目前,行政法中的"双罚制"又被理论界称为"行政双罚制",主要是指对于单位违反行政法律规范尚未构成犯罪的,行政执法机关同时对单位以及有过错的直接负责的主管人员和其他直接责任人员给予行政处罚的法律责任制度[67]。行政双罚制理论认为,无论是法人还是一般组织,它们意志的产生、表达和付诸实施都离不开自然人。而作为单位成员的自然人,在履行职务时的行为有两种属性:一方面是单位意志下的单位行为,具有单位属性;另一方面是他们自己意志支配下的单位行为,具有自然人的属性[68]。单位中的自然人同样具有法律主体资格,在某些情形中可以自主选择自己的行为,而不是完全受单位支配,理应对自己可支配的行为负责。因此,当单位行政违法时,单位中的自然人并不因为它是单位行为而失去其个人行为的性质,而是具有双重性质,既构成单位的行为,也是其自身的行为。前者是单位的责任基础,后者是个人责任的基础。

与传统的行政"单罚制"相比,行政双罚制具有明显的优点。

1) 处罚落实到人,责任分配公平合理

单罚制只对作为外在违法主体的组织实施处罚,而不对实施具体违法行为的

个人进行处罚,实际上产生了违法责任主体与违法行为主体分离的状态。对于违法行为个体而言,这种针对单位的处罚只具有间接性的惩戒作用,削弱了违法行为个体对于法律责任的感知,法律制度所具有的教育、引导以及惩戒功能也必然随之弱化[68]。而且随着组织规模的扩大、组织层级的增加,单位责任与个人责任之间的联系不断减弱,最终对违法行为个体的影响可能是微乎其微的。另外,在单罚制中,违法后果一律由单位承担,而那些在违法行为中起主导作用的管理者以及故意实施违法活动的行为人却逍遥于法外,无疑是对个人违法行为的放纵。因为现实中企业管理者及相关人员完全可以利用企业违法,集体受罚,实现少数个人获利的目的;当违法责任巨大以至于企业无力承担责任时,企业管理者还可以通过破产以规避违法责任。这有悖于法律的公平公正原则,而且不利于遏制违法行为。行政双罚制在明确单位义务与责任的同时,将违法责任直接落实到单位内部的个人,解决了单罚制中责任主体与违法主体分离以及惩戒功能弱化问题,不仅符合公平公正的法律原则,而且单位成员也会基于双罚制的要求,依法对抗单位的违法任务要求,形成守法责任传递机制[68],从而阻却单位违法行为的发生。

2）提高违法成本,遏制行政违法

作为法律责任主体,无论是单位,还是个人都具有趋利避害的本性。当违法成本提高时,单位及自然人的违法行为便会减少。行政单罚制只有单位负担违法成本,单位中的个人则可不必承担违法成本,容易导致其为追求个人利益最大化,借助单位名义实施违法行为,使其违法成本外部化。行政双罚制在单位承担法律责任的基础上,增加了单位中个人的法律责任,不仅总量上提高了单位违法行为的整体成本,而且基于单位中的个人违法成本加大、违法动力降低的同时,有效遏制了单位行政违法行为的发生。

当下,我国药品安全行政法律规范中针对单位违法的惩戒仍是以单罚制为主的责任模式,违法责任主要由单位承担,而单位中的个人却很少承担违法责任,大大弱化了行政处罚的惩戒效果。因此,在药品安全领域大力推行行政双罚制,必然有助于显著减少药品安全违法行为,提高整个行业的诚信守法水平。

3 我国药品安全相关法律责任体系现状与问题分析

在计划经济时期,我国没有成立独立的药品监管机构,而是由相关主管部门负责药品的供给和质量,主管部门是企业的"婆婆",药品安全基本由企业自律,在企业内部解决[69]。行政机关与医药企业之间并非现代法治意义上的监管主体和相对人之间的关系,而是上下级关系。行政机关可以会同行业主管部门追究企业责任,所采取的管理方式是直接的命令控制,而殊少提供诱因的激励性规制[70]。因此,这个时期药品立法水平不高,药品安全法制建设十分缓慢。改革开放以后,医药市场发展迅速,但由于监管体制、法律体系等不完善,市场上出现了大量的假劣药品。为了更好地监管药品市场,1984 年 9 月 22 日我国颁布了第一部《中华人民共和国药品管理法》,该法明确了药品监管的目的、监管机构、市场主体的法律义务与责任,标志着我国药品管理工作进入法制化管理的新阶段。围绕这一核心法律,一些具体的药品安全法规、规章等相继出台,中国药品安全法律体系初具雏形。1998 年,我国对药品监管体制进行重大改革,把分散于多个部门药品监管职能进行整合,组建了独立的监管机构——国家药品监督管理局,从此我国药品安全立法工作进入快速发展时期。历经多年发展,在行政法方面,建立涵盖药品上市许可、生产、经营、使用、广告、安全监测、召回等各个环节建立较为完善的行政法律体系。在民事法律方面,2009 年颁布了我国第一部《中华人民共和国侵权责任法》(以下简称《侵权责任法》),2013 年重新修订了《中华人民共和国消费者权益保护法》(以下简称《消费者权益保护法》),加大了消费者的保护力度。在刑事立法方面,基于实践中打击药品安全犯罪的需要,我国《刑法》针对药品安全问题历经多次修订,并

通过相关规定和司法解释进一步明确和细化了一些药品安全犯罪的定罪量刑标准。目前,我国已形成了行政法、刑法和民法三位一体的药品安全法律体系。相应地,我国药品安全法律责任体系可划分为行政责任、刑事责任、侵权责任三个部分。

3.1 药品安全行政责任的设立与问题

3.1.1 行政责任的设立

药品是一种典型的风险性产品,从上市前研发、审批、生产到上市流通、临床使用,受到多种复杂因素的影响,从而构成了引发药品风险的诸多因素。因此,必须对药品安全各个环节进行严格的风险管理。我国行政法对药品安全市场主体在上市许可、生产、销售、使用、广告、上市后安全监测以及召回等方面的法律责任均做出了较为具体的规定,相关法律依据可分为法律、行政法规、规章和规范性文件4个层次(详见表3-1)。

表 3-1　药品安全相关行政法律规范

依据	主 要 内 容
法律	专业性法律:《药品管理法》。 一般性法律:《中华人民共和国行政处罚法》(简称《行政处罚法》)、《中华人民共和国广告法》(简称《广告法》)、《中华人民共和国侵权责任法》(简称《侵权责任法》)、《中华人民共和国消费者权益保护法》(简称《消费者权益保护法》)等
法规	是国务院为领导和管理药品安全工作,根据宪法和法律制定的药品安全管理的规范性法律文件,是对法律内容具体化的一种主要形式。具体包括:《中华人民共和国药品管理法实施条例》(简称《实施条例》)以及关于特殊药品、疫苗、血液制品等的行政法规
规章	是对法律、法规的具体化和重要补充形式,涉及药品研发、注册、标签和说明书、生产、经营、使用、广告、进出口、互联网药品信息管理、药物警戒、召回和行政监督管理等各个方面,主要是一些具体的管理办法和管理规范,如《药品注册管理办法》《药品生产监督管理办法》《药品生产质量管理规范》(GMP)等
规范性文件	是指法律范畴以外的其他具有约束力的非立法性文件,是监管部门为实施法律、法规规章所制定的各种指导性文件,这些文件虽不能设定法律责任,但可以作为具体的执法依据

1) 上市许可方面的行政责任

根据我国现行《药品管理法》《实施条例》《药品注册管理办法》等规定,药品注册申请人、药物非临床安全性评价研究机构、药物临床试验机构、合同研究组织和伦理委员会等相关责任主体必须严格按照法律规范进行药品非临床研究、临床研究、上市申请、注册、新药的安全监测等,违反上述法律规范的行政责任主要有:警告、责令改正、暂停或者终止临床试验、不批准临床试验、罚款、没收违法所得、吊销药物临床试验机构的资格、撤销药品批准证明文件、一定期限内不受理申请、公布不良行为信息,等等。

2) 生产经营使用方面的行政责任

根据我国现行《药品管理法》《实施条例》《药品生产监督管理办法》《药品流通监督管理办法》《药品进口管理办法》和《医疗机构药品监督管理办法(试行)》等规定,药品生产、经营企业必须依法获得许可证方可从事药品生产、经营活动,药品生产企业必须严格按照国家药品标准、法定的生产工艺组织生产,药品经营企业必须严格按照 GSP 进行采购、贮存和销售药品,医疗机构必须按照《医疗机构药品监督管理办法(试行)》购进、储存、调配和使用药品,相关企业和医疗机构应采取必要的措施保证药品质量和使用安全,任何单位和个人不得生产、销售和使用假药、劣药。违反上述法律规范的行政法律责任有:警告;责令改正;没收违法生产、销售的药品和违法所得;罚款;撤销药品批准证明文件;责令停产、停业整顿;吊销许可证;撤销进口药品注册证书;收回认证证书;向社会通报违法信息等。此外,我国《药品管理法》第七十五条还针对生产、销售假药及生产、销售劣药情节严重的单位从业人员设置了资格罚[71]。

3) 广告方面的行政责任

现行《药品管理法》《广告法》《药品广告审查办法》《药品广告审查发布标准》等法律规范对药品广告审批、内容准则、行为规范、监督管理、发布标准、法律责任等做出了具体规定。根据相关法律规范规定,发布药品广告应依法获得批准,药品广告内容必须真实、合法,宣传和引导合理用药,不应对消费者产生误导。广告主、广告经营者、广告发布者、广告申请人、广告代言人、企业法定代表人、广告发布机构的主管和直接责任人员等违法发布药品广告或参与发布违法药品广告的,承担的行政法律责任形式主要有:警告、责令停止发布广告、消除影响、罚款、没收违法所得或广告费用、撤销广告批准文号、吊销营业执照、吊销广告发布登记证件、一定期限内不受理广告审查或审批、暂停广告发布业务、暂停药品销售、限制任职资格、记入信用档案、公告违法行为等。

4) 上市后安全监测和召回方面的行政责任

药品上市后安全监测和召回是及时获取药品安全信息,有效控制药品风险的重要手段,其根本目的是为了保障公众用药安全。在药品安全监测方面,根据现行

《药品管理法》和《药品注册管理办法》(局令第 28 号)、《药品不良反应报告和监测管理办法》(卫生部令第 81 号)等规定,药品生产、经营企业和医疗机构应当积极履行药品安全监测义务,采取有效措施减少和防止药品不良反应的重复发生。相关主体违反药品安全监测法律规定,承担的行政责任有:警告、责任改正、罚款、行政处分、注销药品批准文号等。在药品召回方面,我国将药品召回分为主动召回和责令召回两种类型。根据《药品召回管理办法》(局令第 29 号)规定,药品生产企业应当建立健全药品收回制度,收集药品安全信息,对可能具有安全隐患的药品进行调查、评估,召回存在安全隐患的药品。经营企业和使用单位应协助生产企业履行召回义务[72]。如果上述主体违反药品召回方面的法律规定,承担的行政法律责任有:责令召回药品、警告、罚款、撤销药品批准证明文件、吊销许可证等。

3.1.2　行政责任方面的问题

1) 假劣药品责任划分不合理

我国《药品管理法》将非法药品划分为假药和劣药,并以此作为评判危害大小和责任轻重的主要依据,客观上要求对假药和劣药的概念做出准确、合理的定义,否则容易导致执法中定责困难和不公正。①我国《药品管理法》中关于假药和劣药的定义存在交叉和混乱。比如,某一药品微生物限度或杂质不符合质量标准,按照《药品管理法》第四十八条第三款第(三)、(四)项将"变质的"和"被污染的"药品可按假药论处,而按照《药品管理法》第四十九条第二款第(六)项"其他不符合药品标准规定的"则又可按劣药论处。由于对假药和劣药的处罚具有很大的不同,定义上的交叉混乱必然导致在定责方面产生法律纠纷,降低监管执法效率。②关于假药、劣药的定义遗漏了部分不安全的非法药品。例如,《药品管理法》第四十八条第三款第(六)项规定"所标明的适应证或者功能主治超出规定范围的"按假药论处,忽视了现实一些不法分子为了误导消费者故意缩小主治范围的情况,实践中常有一些不法分子为了强化对某一疾病的功效,故意在药品标签和说明书上标示"专治某某疾病",略去其他的功能主治,误导消费者用药以获取非法利益。又如,假、劣药品定义未涵盖擅自变更生产工艺、生产数据造假、生产环境不合规、标签说明书中隐瞒不良反应等严重违规情形,这些药品即使按照药品标准检验合格,仍有可能存在较大的危害性;从历年国家局对药品生产方面的违法信息公告情况看,现实中企业利用质量标准缺陷从事违法行为的现象时有发生,监管部门不得不采用事后增加补充检验项目的方法对这些行为进行查处,不仅浪费了监管资源,而且不利于有效打击此类违法行为。③从危害后果看,假药和劣药的危害很难严格区分谁大谁小。例如,《药品管理法》规定药品成分不符合国家药品标准的为假药,而含量不符合国家药品标准的则为劣药,若药品成分含量为 0 时,则按"成分不符合"认定为假药,若成分含量极低,比如为标准规定的 1%,虽然比标准规定的低得多,却只能认定为劣药。实际上,成分含量为 0 的假药和含量极低的劣药对消费者的危害程度可能无本质区别。又如"所标明的适应证或者功能主治超出规定范围的"按假药论处的药品与"可见异物"或微生物限度不合格的劣药相比,危害可能远远不及后者,但对前者的处罚力度却要大于后者。因此,依据现有《药品管理法》对假药和劣药分类来划分责任轻重的做法不仅不合理、不公正,而且不利于强化药品安全监管。

2) 对违法行为惩罚力度不足

从 CFDA 2015—2017 年间药品违法数据统计(见表 3-2)中可以看出,目前监管部门对大多数违法行为的主要处罚手段仍是警告、罚款、没收违法所得等常规形式;3 年案件合计为 29.8 万件,货值金额合计为 15 亿元,罚款合计为 11.8 亿元,罚没款合计为 15.1 亿元,平均每个案件罚没款为 5 134 元,罚款与货值金额之比为 0.79[①],表明在日常监管过程中,我国对药品违法行为的行政处罚,无论是处罚方式还是处罚幅度总体上均不够严厉。在药物注册环节,根据 SFDA 最新发布的《药物临床试验数据核查阶段性报告》,2015 年 7 月至 2017 年 6 月期间,食药总局药品注册核查中心在已核查的 313 个药品注册申请中,有 38 个注册申请的临床试验数据涉嫌数据造假,其中新药注册申请 16 个,仿制药注册申请 17 个,进口药注册申请 5 个[73];而在药品生产环节,从国家食药总局近年来公开的飞行检查和各地药品监督抽验情况看,2015 年至 2017 年间因严重违反 GMP 而收回证书的企业分别有 140、171、157 家,行业内偷工减料、数据造假、擅自变更影响药品质量的生产工艺、中药非法添加西药、中药饮片掺杂掺假等违法违规现象屡有发生。笔者认为出现上述现象的主要原因在于现有法律规范对违法行为的惩罚力度不足,违法成本不高,难以对违法主体形成有效的约束。主要表现在以下方面。

表 3-2　2015—2017 年药品违法数据统计

项　目	2015 年	2016 年	2017 年	合计
案件数量(万件)	8.9	9.7	11.2	29.8
货值金额(亿元)	5.4	6.3	3.3	15
罚款(亿元)	3.2	4.6	4	11.8

① 此处用罚款金额与违法产品货值金额的倍数表示惩罚的严厉程度。

（续表）

项　目	2015 年	2016 年	2017 年	合计
没收违法所得(亿元)	0.9	1.3	1.1	3.3
取缔无证经营(户)	1 221	1 401	1 146	3 768
捣毁制假售假窝点(个)	165	188	238	591
责令停产停业(户)	2 959	1 702	1 569	6 230
吊销许可证(件)	77	153	162	392
移交司法机关(件)	1 529	1 655	1 591	4 775
向工商行政管理部门移送违法药品广告(件)	110 690	7 067	8 774	126 531
撤销药品广告批准文号(件)	164	29	389	582
收回 GMP 证书(张)	140	171	157	468

数据来源：根据 CFDA 官网统计,2015 年引自参考文献[74,75],2016 年引自参考文献[76,77],2017年引自参考文献[78,79]

（1）法律、法规、规章有关处罚规定不够严厉。在药品上市许可方面,相关行政法律规范对药物非临床试验和临床试验、药品申报、伪造、变造、买卖、出租、出借药品批准证明文件等各种违法违规行为处罚过轻。如相关行政法律、法规、规章对于合同研究组织违法行为的缺少相应的处罚规定,只是在相关文件中才提及将合同研究组织以及相关责任人员列入黑名单的惩罚措施,属明显法律漏洞。《药品管理法》(2015 修订)第八十二条对"提供虚假的证明、文件资料、样品或者采取其他欺骗手段取得药品批准证明文件的"这样极其严重的违法行为,仅处以"撤销药品批准证明文件,五年内不受理其申请,并处 1 万元以上 3 万元以下的罚款",且对个人没有限制措施,实质上这些违法机构及其工作人员仍可以其他单位名义从事药品申请相关工作,因此这种处罚的威力有限。在这种制度环境下,药品上市许可领域出现临床试验数据造假现象,就不足为奇了。

在药品生产、销售、使用方面,相关行政法律规范对于违反《药品生产质量管理规范》(GMP)或《药品经营质量管理规范》(GSP),提供虚假的证明、文件资料、样品或者采取其他欺骗手段取得《药品生产许可证》《药品经营许可证》《医疗机构制剂许可证》,拒绝、逃避监督检查,知道或者应当知道他人从事无证生产、经营药品行为而为其提供药品,医疗机构违反《药品流通监督管理办法》中关于药房场所、设备、仓储设施、卫生环境、人员、购进、储存、销售、调配相关规定,药品零售企业不凭处方销售处方药等违法行为的处罚明显过轻。《药品管理法》第十条虽然规定"药品必须按照国家药品标准和国务院药品监督管理部门批准的生产工艺进行生产,生产记录必须完整准确。药品生产企业改变影响药品质量的生产工艺的,必须报原批准部门审核批准"。但在法律责任一章中却没有明确规定对违反该规定的处罚。在这种情况下,如果企业产品检验合格,只能按照违反 GMP 规定进行处罚,而《药品管理法》对于违反 GMP 的处罚规定较为笼统,即使存在如擅自变更生产工艺、生产记录造假等严重的违法行为,监管机构通常只是依据《药品管理法》第七十八条规定对企业给予警告,责令限期改正①;如对药品零售企业不凭处方销售处方药,《药品流通监督管理办法》(局令第 26 号)第三十八条也只是规定"责令限期改正,给予警告;逾期不改正或者情节严重的,处以一千元以下的罚款"。对上述行为的处罚对企业来说,违规成本实在太低。

在治理违法药品广告方面,2015 年以前,对于违法广告处罚较轻,我国药品广告方面的违法现象非常普遍。2015 年,新《广告法》堪称史上最严的广告法,处罚尺度震动了整个广告圈,新法发布以来,从 CFDA 的统计数据看,2015—2017 年期间移送药品违法广告案件数量呈断崖式下降,从 2014 年的 250 171 件降为 2015 年的 110 690 件,2016 年下降到 7 067[80],2007 年为 8 774 件,药品违法广告案件治理取得显著成效。但根据食药部门和工商部门公布的统计数据看,药品违法广告已经转向企业自建网站、交易平台类网站、门户类网站和微信等互联网媒体[81]。一方面由于互联网违法药品广告不仅平台多而且便于操作,隐蔽性强,发布者往往行踪不定,被监管部门查处概率极低。另一方面,与传统媒体相比,互联网广告费用极低,甚至没有广告费,使得目前以广告费用为基础的行政处罚失去了威力。

另外,在当前形势下,《药品不良反应报告和监测管理办法》(卫生部令第 81 号)第五十九条、第六十条以及《药品召回管理办法》(局令第 29 号)第三十五条、第三十七条等相关法条,对于药品上市后安全监测和召回方面的一些处罚规定也明显过轻。

(2) 资格罚制度不完善。我国《药品管理法》虽在生产、销售假药、劣药方面设置了资格罚制度,规定"直接负责的主管人员和其他直接责任人员十年内不得从事药品生产、经营活动"。但该制度具有如下不足:一是制度不完整。对于执法主体、程序、信息公开以及对相关单位和个人违反资格罚制度的处罚措施等内容都未做出明确的规定,难以保证制度得以有效落实。二是资格罚多是针对单位的,针对个人的资格罚很少。三是处罚欠缺公平性与合理性。药品安全相关责任人员在违

---

① 我国《药品管理法》第七十四条虽然对于违反 GMP 情节严重的处以"吊销《药品生产许可证》",但按照《药品和医疗器械行政处罚裁量适用规则》(国食药监法〔2012〕306 号)规定,只有生产假药、"造成人员伤害后果以及社会危害程度严重的情形"属于"情节严重",现实中如未造成人员伤害,在实施处罚时,一些监管机构在地方利益的影响下,一般很少采用。

法活动中的角色、作用以及违法的严重程度通常是各不相同的,对他们实施相同的处罚显然是不公平的、不合理的。

3) 未落实关键责任人责任

药品安全违法既有可能是个人原因,又有可能是组织上的原因,或者两者兼有之。发达国家在对药品安全各个环节设置法律责任时,通常将责任主体设定为任何人(包括个人、企业和社团组织等),非常重视将责任落实到个人,在追究责任时,不仅是对实施违法行为的个人要为其行为负责,而且是对其所在单位及其管理者也有可能因管理不善受到相应的处罚。但目前我国《药品管理法》及相关的法律、法规、规章对市场主体行政处罚一般以单位为对象,仅有少量针对单位中个人处罚的规定。如《药品管理法》(2015 年修订)第七十五条针对生产销售假劣药品情节严重的企业或者其他单位的直接负责的主管人员和其他直接责任人员规定了十年内不得从事药品生产、经营活动的处罚,但实际上却没有确保这一处罚落实的相应措施,惩罚效果有限。又如《药品注册管理办法》(局令第 28 号)第一百六十六条及国家食品药品监督管理局(CDFA)《关于开展药物临床试验数据自查核查工作的公告》(2015 年第 117 号),对于"临床试验数据造假"相关责任人员的处罚也仅限于公布人员身份证号码等措施,缺乏震慑与遏制作用[5]。总之,我国对大多数药品违法行为的处罚并未真正落实到违法者个人,主要责任往往由其所在的单位承担,大大降低了行政处罚的惩戒效果。

4) 激励机制不够合理

从药品安全的角度看,法律责任的最终目的不在于惩罚,而在于通过惩罚措施激励责任主体诚信守法,减少违法违规行为,防止药害事件发生。我国药品管理相关法律责任设置在对市场主体的激励机制方面不尽合理。

(1) 对从重情节的责任设置不合理。《实施条例》七十三条规定了"从重处罚"的 6 种情形,但对于一些再犯,拒绝、逃避监督检查,或者伪造、销毁、隐匿有关证据材料等恶性违法行为的处罚幅度不够合理。如对劣药的一般处罚为货值金额的 2 倍,对上述情形进行从重处罚最高幅度为货值金额的 3 倍,"从重处罚"与"一般处罚"差异不大。以 2015 年发生的银杏叶事件为例,有的企业涉嫌生产劣药被立案查处,为了逃避处罚,在案件调查过程中存在调换产品留样、逃避监督检查等从重情节[82],但依据我国相关法律规定,如果企业配合执法部门立案调查,一般处罚为货值金额的 2 倍;如果采取逃避处罚措施成功,则违法成本为零,逃避处罚失败最高也只能处以货值金额 3 倍的罚款。由于两者的差距较小,现实中难以遏制违法者逃避处罚的投机行为。

（2）对于免责情形规定不完善。相关行政法律规范关于免责情形的规定很少且范围狭窄，仅在《实施条例》七十五条对药品经营企业、医疗机构不知情销售假劣药品做出了免责规定。而对于相关责任主体已经履行法定义务、主动上报和纠正违法行为等造成的违法情形缺少合理的免责规定，不利于激发责任主体主动纠正违法行为的积极性。如近年来发生的"银杏叶事件"，许多生产企业对于提取物生产商擅自改变银杏叶提取物生产工艺情况事先并不知情，且依法履行了对原料的采购、验收、检验的义务，结果却因使用上述银杏叶提取物投料导致生产的假、劣药品行为的发生[83]。在此情形下监管机构对药品生产企业按照生产假、劣药品进行处罚显然是不合理的，而且在行政诉讼中难免导致监管部门败诉[84]。即使在现有的免责规定中，执法人员对于《实施条例》七十五条中的"未违反《药品管理法》和本条例的有关规定"和"可以免除其他行政处罚"理解也很不一致。对于"未违反《药品管理法》和本条例的有关规定"的含义，一种理解认为责任主体在药品采购、验收、储存等各个环节没有违反任何规定才可以免责，而不管其违规行为与销售或者使用假劣药品是否直接相关；另一种理解则认为，所谓"有关规定"是指与销售或者使用假劣药品直接相关的违法行为，只要采购渠道合法，验收、储存条件符合规定就可以免责。对于"可以免除其他行政处罚"的含义，一种理解认为法条中的"可以"不是刚性要求，处罚时可以自由决定，即使符合本条的免责规定，监管部门仍然可以按照常规进行处罚。一种理解认为，"可以免除其他行政处罚"是指一般情况下只要符合免责条件就应予以免责，这样更符合《实施条例》的立法精神。由于规定的模糊，导致了一些地方监管机构根据自身利益需要随意进行处罚或免责的情况出现。当监管机构不需要增加罚款时，就会对责任主体免于罚款；而当监管机构需要通过增加罚款展示监管绩效时，就会寻找各种理由对各个环节责任主体进行处罚。这样一来，即使相关责任主体发现或者怀疑药品存在质量问题，也不愿意上报监管部门，而是尽量隐瞒药品安全信息，采取直接退货或者其他措施与供货商私下解决，这不仅不利于鼓励诚信守法行为，而且不利于监管部门及时发现和处置药品安全隐患。

3.2 药品安全刑事责任的设立与问题

3.2.1 刑事责任的设立

我国《药品管理法》未直接设定刑事责任，而是在相关法律责任条款中以"构成

犯罪的,依法追究刑事责任"的形式表述,具体什么样的行为属于犯罪,需要进一步依据《刑法》条文裁定。长期以来,《刑法》除了规定生产销售假劣药品罪之外,对药品其他方面如药品上市许可、生产、经营、广告等行为的刑事责任均未做出明确的规定或者定罪标准不明确,导致药品监管实践中大多数涉嫌犯罪的案件难以进入刑事司法程序,而被处以行政处罚了事,严重限制了刑事责任在药品监管中的作用。近年来,随着《刑法》的修订以及《最高人民法院、最高人民检察院关于办理生产、销售伪劣商品刑事案件具体应用法律若干问题的解释》(法释〔2001〕10号)《最高人民检察院、公安部关于公安机关管辖的刑事案件立案追诉标准的规定(一)》(公通字〔2008〕36号)《最高人民检察院、公安部关于公安机关管辖的刑事案件立案追诉标准的规定(二)》(公通字〔2010〕23号)《最高人民法院、最高人民检察院关于办理危害药品安全刑事案件适用法律若干问题的解释》(法释〔2014〕14号)《最高人民法院、最高人民检察院关于办理药品、医疗器械注册申请材料造假刑事案件适用法律若干问题的解释》(法释〔2017〕15号)等规定和司法解释的发布,突破和补充了原《刑法》中很多关于药品安全刑事责任的规定,进一步明确了药品注册、生产、经营、广告等领域一些刑事犯罪的量刑标准,为强化打击药品安全犯罪行为奠定了法律基础。

目前,我国对药品市场主体的刑事法律责任规定主要涉及三个方面。

1) 药品上市许可方面的刑事责任

在药品上市许可方面,根据我国现行《刑法》和法释〔2017〕15号规定,下列情形构成提供虚假证明文件罪或者生产、销售假药罪:①在药物非临床研究或者药物临床试验过程,相关单位及其工作人员故意提供虚假材料的,情节严重的;②药品注册申请单位及其工作人员指使上述单位实施上述行为的;③药品注册申请单位及其工作人员,故意使用虚假材料骗取药品批准证明文件生产、销售药品的。自然人犯罪的,处罚方式为有期徒刑、拘役、罚金;单位犯罪的,对单位判处罚金,并依照相应自然人犯罪的定罪量刑标准对直接负责的主管人员和其他直接责任人员定罪处罚。

2) 药品生产、经营、使用方面的刑事责任

根据《刑法》(2015年修正)第一百四十条、第一百四十一条、第一百四十二条和第二百二十五条规定,涉及药品生产、经营、使用方面的罪名有:"生产、销售伪劣商品罪""生产、销售假药罪""生产、销售劣药罪"和"非法经营罪定罪"4种罪名。(法释〔2014〕14号)则对《刑法》中上述罪行有关的从重处罚情形,"对人体健康造成严重危害""其他严重情节""其他特别严重情节""生产""销售""生产、销售金额"等含义进行了具体解释。当生产、销售劣药不足以认定为"对人体健康造成严重危

害"时,可依据《刑法》第一百四十一条,构成生产销售伪劣产品罪。对自然人犯罪的,处罚方式为有期徒刑、拘役、罚金、没收财产;单位犯罪的,对单位判处罚金,并依照相应自然人犯罪的定罪量刑标准对直接负责的主管人员和其他直接责任人员定罪处罚。

3) 药品广告方面的刑事责任

在药品广告方面,根据(法释〔2014〕14 号)第九条规定,广告主、广告经营者、广告发布者违反国家规定,利用广告对药品作虚假宣传,情节严重的,依照《刑法》第二百二十二条的规定以虚假广告罪定罪处罚;虚假广告罪的定罪标准依据为《最高人民检察院、公安部关于公安机关管辖的刑事案件立案追诉标准的规定(二)》第七十五条。自然人犯罪的,处罚方式包括有期徒刑、拘役、罚金;单位犯罪的,对单位判处罚金,并依照相应自然人犯罪的定罪量刑标准对直接负责的主管人员和其他直接责任人员定罪处罚。

3.2.2 刑事责任方面的问题

1) 刑事责任在药品安全中的作用发挥不足

由于行政责任的惩罚力度和执法手段有限,难以有效遏制那些性质恶劣、严重危害公众健康的不法行为,必须运用刑事手段对这些不法行为进行严厉打击。长期以来,我国在药品监管中较为注重行政法律责任追究,而对药品安全刑事责任追究范围较窄。据统计,2008—2012 年,全国各级法院共受理生产、销售假药罪案件 4 483 件,占全部药品安全犯罪案件的 99.71%[85]。可见,我国对药品犯罪行为的处罚绝大多数集中于生产、销售假药方面,而对于注册数据造假、擅改生产工艺、虚假广告、上市后监测数据造假等行为多采用行政处罚,很少采用刑事处罚。事实表明,这些环节中的一些违法行为收益巨大,却对公众健康和生命安全具有极大的危害性,仅用行政处罚不足以有效遏制这些违法行为,理应运用严厉的刑事处罚手段予以制裁。

2) 刑法对药品安全刑事责任的规定不完善

目前,我国《刑法》对药品安全犯罪的刑事责任规定有诸多不完善之处,主要表现如下。

(1) 对药品安全犯罪的分类不当。《刑法》将药品安全犯罪(主要包括提供虚假证明文件罪,生产、销售假药罪,生产、销售劣药罪、虚假广告罪)归类于《刑法》第三章破坏社会主义市场经济秩序罪,但药品安全犯罪源于违反药品安全法律规范,本质上危害的是公众健康和生命安全,而不是破坏经济秩序。

近年来发生的药害事件表明,药品安全犯罪行为对公众健康和生命安全危害范围之大、情节之恶劣、后果之严重,绝不亚于其他一些以危险方法危害公共安全罪。故将药品安全犯罪归类于破坏经济秩序罪当中,不仅不合适,而且容易令人将药品安全犯罪误解为经济一类犯罪,不利于强化人们对于打击药品安全犯罪的决心。

(2)对药品安全刑事责任设计欠缺系统性与合理性。我国《刑法》原本只规定了生产、销售假药和生产、销售劣药罪,近年来,出于打击药品安全犯罪的需要,才陆续出台了相关司法解释,从而扩大了刑法在药品安全领域的适用范围。这种做法的优点在于不需要经过烦琐的法律修订程序,灵活高效,便于快速解决打击药品安全犯罪中所面临的法律问题。但是,由于我国在药品安全刑事责任设置上立足于对现有刑法的补充和解释,未能充分考虑到药品安全的特殊性,与药品行政法律规范缺乏紧密结合,相关规定分散而不系统,难免存在一些不周全和不合理性之处。其主要表现如下:一是《刑法》对生产、销售假药罪和生产、销售劣药罪的处罚不合理。我国《刑法》沿用了《药品管理法》中假药和劣药的定义和分类方法,意为假药的危害大于劣药,如《刑法》对生产、销售假药罪最高可判死刑,而生产、销售劣药罪最高为无期徒刑。但实际上两者的危害难分伯仲,故以假药和劣药作为量刑标准既不合理,也不公平。二是对药品安全犯罪的规定存在疏漏之处。

目前,我国《刑法》对于药品刑事责任的规定范围狭窄,对于药品安全领域一些具有严重危害性行为都未纳入刑事责任范畴。例如,《刑法》第一百四十二条第二款规定:"本条所称劣药,是指依照《药品管理法》规定属于劣药的药品"。这一规定排除了《药品管理法》中按劣药论处的情形。而实质上部分按劣药论处的药品危害性可能远大于"药品成分的含量不符合国家药品标准"的劣药,故不加区分地将按劣药论处的药品排除在刑事责任之外,显然是不合理的。在药品标识方面,除了"所标明的适应证或者功能主治超出规定范围"的情形外,未对其他如擅自更改说明书,误导患者用药导致严重后果的情形做出刑事责任规定。在药品上市后监测方面,对于生产者、销售者和医疗机构故意隐瞒或报告虚假的严重药品不良事件、造成严重后果的情形没有做出刑事责任规定。在药品广告方面,《刑法》关于虚假广告罪的规定遗漏了广告代言人的责任,特别是近年来一些企业利用所谓的"专家"以养生保健的名义在各种视听媒体上发布虚假广告,夸大药品疗效,欺骗、误导患者用药,对社会产生了恶劣的影响。在虚假广告活动中,代言人实际上与广告主、广告发布者等其他主体共同实施了虚假广告犯罪行为,所以将代言人排除在刑罚之外属明显漏洞。

　　3）行刑衔接机制有待进一步完善

　　尽管根据我国《药品管理法》和《刑法》的有关规定,药品违法行为触犯《刑法》时可能构成的罪名有"提供虚假证明文件罪""生产、销售假药罪""生产、销售劣药罪""非法经营罪""虚假广告罪"等,但多年来由于行政法与刑法规定之间衔接不畅、定罪标准不明确,地方药品监管、执法和司法机关部门协作力度不足以及监督乏力等原因,大多数涉嫌犯罪的案件难以进入刑事司法程序,而被处以行政处罚了事,严重限制了刑事处罚在药品监管中的作用。

　　近年来,随着《刑法》的修订以及(法释〔2014〕14 号)、(法释〔2017〕15 号)等司法解释的发布,进一步明确了药品注册、生产、经营、广告等领域一些刑事犯罪的量刑标准。2015 年,CFDA、公安部、最高人民法院、最高人民检察院联合研究制定了《食品药品行政执法与刑事司法衔接工作办法》(食药监稽〔2015〕271 号),不仅明确了案件移送过程中的程序性衔接内容,而且明确了执法办案过程中的鉴定检测难、涉案产品处置难以及证据转换、证据标准、法律适用等实体性问题的具体解决措施,进一步健全了行刑衔接工作机制,全国打击药品违法犯罪的工作合力明显增强。但从现实情况看,无论是在立法层面,还是在具体操作层面仍存在一些不足。

　　在立法方面,一是行政法与刑法在责任设置上未能协调一致,其中一些规定不利于两法的衔接。如《广告法》第五十五条对虚假广告的处罚以广告费作为罚款计算标准,丝毫未提及违法所得问题,而公通字〔2010〕23 号第七十五条第(一)项却将违法所得作为虚假广告罪的立案标准之一。这样在执法过程中,行政部门的关注点在广告费,而很少关注对行政处罚毫无意义的违法所得,而没有违法所得信息,就失去了行刑衔接的可能。二是对于行刑衔接工作缺少明确的责任追究制度。有关规范性文件对药品安全相关部门的行刑衔接工作程序和标准做出了具体的规定,但现有法律规范却没有针对行政执法机关不移送涉嫌犯罪案件的责任追究办法,致使对行刑衔接工作的监督缺少法律保障。在具体操作层面,主要是基层对《办法》的贯彻落实不到位。比如,地方行政部门有案不移、以罚代刑、选择性移送、移送材料不规范、对移送案件配合等问题还比较突出,检验能力和专家意见还难以完全满足刑事案件查处的需要,一些地方执法过程中的信息互通、同步上案等问题仍未很好解决[86]。

3.3　药品侵权责任的设立与问题

3.3.1　侵权责任的设立

　　现阶段,我国没有关于药品侵权责任的专门立法。《药品管理法》第九十二条

对违反本法造成的侵权责任做出了原则性的规定。药品虽然具有特殊性,但仍属于产品范畴,因药品安全问题造成人身、财产损害时,原则上适用于产品侵权责任相关法条规定,具体依据有《侵权责任法》《产品质量法》《消费者权益保护法》等相关法律以及司法解释。

现行《侵权责任法》自 2010 年 7 月 1 日开始实行,是我国颁布的第一部关于民事侵权的专门法。该法对整个侵权责任的责任构成、责任方式、责任免除与减轻、责任主体、归责原则、责任分类等基本问题做出了系统的规定。该法的颁布施行大大推进了我国药品侵权责任制度的发展,对保障消费者用药安全的合法权益具有非常重要的意义。但是,《侵权责任法》缺乏具体的适用情形,规定过于笼统。比如,对于缺陷的定义、惩罚性赔偿、诉讼时效、免责事由、因果关系认定等关键内容均未做出具体的规定。司法中对于药品侵权案件的审理仍需依据《产品质量法》等相关法律规定进行裁定。

《产品质量法》第四章分别从产品缺陷的概念、责任承担与免除、诉讼时效和赔偿范围对产品责任进行了较为具体的规定,因此《产品质量法》是我国药品侵权责任方面的重要法律依据。但该法属于行政法,立法目的在于对一般产品进行质量规制而非侵权问题,带有较强的行政色彩,故对药品侵权责任还需结合民法相关规定进行认定、审理和判决。

《消费者权益保护法》以保护消费者合法权益为目的,因此消费者使用药品造成人身权益受到损害时,也可适用于《消费者权益保护法》。该法第四十九条对药品侵权的具体赔偿范围做出了规定,其规定的赔偿范围与《产品质量法》和《侵权责任法》基本一致;同时该法第五十五条还对故意侵犯消费者合法权益的情形做出了相应的惩罚性赔偿规定。

另外,与药品侵权相关的法律和司法解释还有《中华人民共和国民事诉讼法》,以下简称《民事诉讼法》以及《最高人民法院关于民事诉讼证据的若干规定》(法释〔2001〕33 号)、《最高人民法院关于审理食品药品纠纷案件适用法律若干问题的规定》(法释〔2013〕28 号)等,它们对药品侵权责任诉讼有关问题做出了具体规定。

从缺陷界定、归责原则、因果关系证明、损害赔偿 4 个方面看,我国相关法律对于药品侵权责任的具体规定如下。

1) 药品缺陷界定

《产品质量法》第四十六条规定,"本法所称缺陷,是指产品存在危及人身、他人财产安全的不合理的危险;产品有保障人体健康和人身、财产安全的国家标准、行业标准的,是指不符合该标准"[87]。依据该条规定,判断产品缺陷有两个标准:一是具有"不合理危险",适用于没有国家标准或行业标准的产品。二是不符合国家标准或行业标准,适用于具有国家标准或行业标准的产品。根据《药品管理法》规定,药品必须按照法定的药品标准生产。由此可知,对于药品而言,只要不符合法定标准,就可判定药品存在缺陷。

2) 归责原则

根据《侵权责任法》第五章——产品责任相关条款规定,对缺陷药品造成的损害,生产者适用严格责任,销售者、运输者、仓储者等相关主体适用过错责任,而该法第七章——医疗损害责任规定,医疗机构使用缺陷药品造成损害的,患者既可向生产者求偿,也可向医疗机构求偿。据此,《侵权责任法》对医疗机构使用缺陷药品致害适用的是严格责任。

3) 因果关系证明

在因果关系证明方面,根据法释〔2013〕28 号第五条第二款规定,消费者因使用药品受到损害,只要初步证明损害与使用药品存在因果关系,并请求生产者、销售者承担侵权责任的,人民法院即可受理。但在举证责任分配方面,《民事诉讼法》第六十四条确立了"谁主张,谁举证"的基本原则,同时规定"当事人及其诉讼代理人因客观原因不能自行收集的证据,或者人民法院认为审理案件需要的证据,人民法院应当调查收集"。法释〔2001〕33 号第四条第(六)项规定,"因缺陷产品致人损害的侵权诉讼,由产品的生产者就法律规定的免责事由承担举证责任"。据此,我国目前药品缺陷侵权领域适用有限因果关系推定原则,并由生产者证明自己对损害无过错。

4) 损害赔偿

我国对于药品侵权的损害赔偿可分为补偿性赔偿和惩罚性赔偿。《产品质量法》第四十条至第四十四条具体规定了因产品存在缺陷造成人身、财产损害的赔偿主体、赔偿方式、赔偿范围、赔偿费用等内容。在关于惩罚性赔偿方面,《侵权责任法》第四十七条规定,明知药品存在缺陷仍然生产、销售,造成他人死亡或者健康严重损害的,受害人有权请求相应的惩罚性赔偿,但对于惩罚性赔偿数额并未做出规定。《消费者权益保护法》第五十五条对惩罚性赔偿的数额进一步做出了明确规定。规定在符合惩罚性赔偿的条件下,消费者在依法取得赔偿损失的同时,有权要求所受损失 2 倍以下的惩罚性赔偿"[88]。据此,在我国适用惩罚性赔偿必须具备以下 3 个要件:①药品存在缺陷;②生产者或销售者主观上存在故意;③导致受害人死亡或者健康严重损害的后果。

3.3.2 侵权责任方面的问题

药品安全侵权责任属于产品责任,但我国目前尚无专门的产品责任法,对产品责任的规定广泛分散于民法、行政法、刑法的相关规定及司法解释当中,相关法律由于立法背景、性质、目的不同,在产品责任问题上很难融合为一体。尽管目前相关司法解释对于药品侵权的归责原则、因果关系证明、举证规则、损害赔偿等内容做出了较为完善的规定,加大了对受害人的保护力度,但由于侵权责任设计未充分考虑药品侵权的特殊性,对于药品缺陷的定义及认定标准、损害救济等均未做出合理的规定,受害人在侵权诉讼过程中常常面临着无法认定缺陷、损害救济不到位等困难,致使受害人得不到应有的保护,从而外部化了施害人侵权行为的边际成本,削弱了侵权责任对施害人的激励功能,不利于激发企业积极提高药品安全水平的动力。

1) 药品缺陷界定标准不合理

药品缺陷产生损害,损害导致责任。因此,缺陷是药品侵权责任的前提,准确界定缺陷是确定药品侵权责任的关键。从我国《侵权责任法》第五章产品责任的规定可以看出,药品缺陷是承担药品侵权责任的构成要件之一,然而该法却没有对"缺陷"这一关键概念进行界定。在司法实务中,判断药品缺陷仍需要依据《产品质量法》对产品缺陷的规定。然而依据该法规定,药品缺陷是指药品质量不符合法定标准。这一定义对药品来说显然是不适用的。因为药品标准水平的选取,指标的选定,同现代药学科学的发展水平以及我国医药工业厂房设备的现状等诸多因素息息相关,药品标准不一定就能包含一切安全性能指标,符合标准的药品依然可能会对消费者产生不可预知的风险[89]。药品缺陷按来源分可划分为设计缺陷、制造缺陷和警示缺陷。设计缺陷是因药品研发方面的因素导致上市药品存在不合理的危险,此时药品质量虽然符合法定标准,但仍存在缺陷。制造缺陷是因药品偏离设计标准导致药品存在不合理的危险,此时药品质量缺陷表现为不符合法定标准。警示缺陷是因药品说明或警示不当导致药品存在不合理的缺陷,此时药品质量符合法定标准,但仍存在缺陷。故国外产品责任法虽对缺陷的定义措词不尽相同,但大同小异,都隐含产品对消费者具有不合理的危险性之意[20]。如果将是否符合法定标准的药品作为缺陷的判定依据,则意味着施害人可以以药品合格为由规避责任,从而遗漏了一些药品设计和警示不合理产生的损害。这方面"龙胆泻肝丸"事件便是其中的典型案例。虽然该案中龙胆泻肝丸因含有马兜铃酸可造成患者肾衰竭,但因产品符合药典标准,故不属于《产品质量法》规定的缺陷,生产商据此声称不应承担责任[90]。

由于我国没有针对药品不良反应赔偿的法律规定,故此类案例造成的损害后果最终只能由受害者承担。2014年3月15日开始施行《最高人民法院关于审理食品药品纠纷案件适用法律若干问题的规定》(法释〔2013〕28号)第五条第二款规定明确将符合质量标准的药品侵权案件排除在外。由此可知,直至目前为止,药品侵权事件中只要药品符合法定标准即无缺陷,受害人便得不到赔偿。这样一来,对于获得上市许可后的合格药品,即使存在严重的安全风险,生产者和经营者也不必担心因上市后的风险监测、警示、召回等补救措施不及时或者不到位而承担侵权责任。这不仅不利于保护消费者的合法权益,而且大大降低了企业的提高药品安全水平的动力。一些企业很可能利用这一漏洞进行违法犯罪行为而不必担心承担侵权责任,如通过提供虚假数据骗取上市许可、故意隐瞒安全信息、对上市后发现严重安全问题的产品不积极召回等,这些行为难免导致药害事件发生,严重损害消费者的合法权益。因此,符合法定标准的药品并不能表示药品没有缺陷,也不能成为免除侵权责任的理由。

2) 损害赔偿制度对消费者的保护力度不足

(1) 损害赔偿制度对消费者救济不足。对于受害人而言,药品致害事件发生后最为紧要的问题是能够尽快获得相应的赔偿,使其身体损害得到良好的救治。在我国当前侵权责任制度下,药品致害事件发生后,当事人双方通常会权衡维权的成本和收益,选择私下协商赔偿或者法律诉讼途径,此外别无他径。由于我国药品侵权相关法律将药品缺陷界定产品不符合法定标准,合格产品导致的健康损害是无法获得赔偿的,企业在确信自己的产品符合法定标准的情况下,一般不会轻易私下赔偿受害人。而受害人如果选择法律途径,则要耗费当事人大量的金钱、时间和精力,而且不能及时获得救治所需的赔偿金,有时即使最终胜诉也往往得不偿失。因此,种种不确定风险使得不少受害人放弃了诉讼,除非是极其严重的健康损害或者死亡,受害人在迫不得已的情形下才会选择法律诉讼途径。这将使社会分担了大量本应由企业承担的部分药品侵权成本,从而大大降低了企业加强药品安全投资的动力。另外,一些严重的药害事件发生后,不少肇事企业倒闭破产,虽然消费者可以向医疗机构或者经营企业索赔,但那些并无过错的医疗机构和经营企业却可能面临无法追偿的风险。医疗机构和经营企业为了降低这一风险,极有可能向监管机构隐瞒药品使用和经营过程中发现的安全问题,使得一些本可以早期发现并可及时解决的药品安全问题最终发展成安全事故。

(2) 惩罚性赔偿适用条件过于严苛。我国《侵权责任法》谨慎地接受了惩罚性赔偿,将适用范围严格限制在产品责任领域,同时还规定了严格的适用条件[91]。

这些适用条件如下：①生产、销售缺陷产品；②明知产品存在缺陷；③造成被侵权人死亡或者健康严重损害。

笔者认为，将惩罚性赔偿限定为"造成被侵权人死亡或者健康严重损害"这一条件过于严苛，降低了惩罚性赔偿制度在药品安全领域的作用。理由如下：①不利于保护消费者的合法权益。缺陷药品对受害人的损害通常包括健康损害和财产损害，而健康损害又包括明显的损害和潜在的损害。因为药品致害具有隐蔽性和长期性的特点，现实中大多数患者在使用缺陷药品后的损害后果往往在短期内不易发现，或者短期内只显示了一般的损害后果而未能显示如致癌、致畸、器官功能下降等一些严重的损害后果。特别是对于那些特殊药品、血液制品、疫苗等高风险产品，以及针对孕产妇、婴幼儿、儿童或者危重患者等特殊群体的药品，使用缺陷药品后在长期中可能产生不可估量的风险。我国药品安全领域的惩罚性赔偿制度将损害条件限定为被侵权人死亡或者健康严重损害的情形，由此忽略了不安全药品致人潜在健康损害和财产损害的惩罚性赔偿问题。在缺陷药品尚未导致被侵权人死亡或者健康严重损害的情形下，受害人最多只能就其一般健康损害或者财产损害请求赔偿，而无法通过惩罚性赔偿弥补其潜在健康损害和财产损害，显然不利于保护消费者的合法权益。②不利于惩罚恶意侵权行为。由于现实中侵权责任体系不是完美无缺的，"履行差错"的存在导致施害人实际上只承担了其对社会造成的部分损失，为防范不法分子利用法律漏洞实施恶意侵权行为，有必要通过惩罚性赔偿制度来弥补这一"履行差错"导致的效率损失。由于我国侵权法规定惩罚性赔偿只适用于死亡和健康严重损害的情形，一些追求利润最大化的单位或者个人，有可能会在明知药品存在缺陷但短期内对健康严重损害难以显现的情况下，故意向市场提供有缺陷的或者低质量的药品，却逃脱了其对消费者一般健康损害、隐性健康损害以及财产损害而应受到的惩罚，这无疑将放纵恶意侵权行为的发生。

3.4　长春长生"狂犬病问题疫苗"的法律责任分析

长春长生生物科技有限责任公司（以下简称"长生公司"）"狂犬病问题疫苗"事件集多种违法行为于一体，是当前我国药品生产领域违法乱象的一个典型缩影，真实反映了我国药品安全责任追究中的困境与不足。为了深入探讨我国药品安全法律责任体系中存在的问题，本节以长春长生公司"狂犬病问题疫苗"事件为例，分析了该公司生产、销售"狂犬病问题疫苗"的相关法责任。

3.4.1 事件回顾

2018年7月15日,国家药监局发布通告指出,国家药监局根据线索对长生公司进行飞行检查,检查结果发现该公司自2014年以来,在冻干人用狂犬病疫苗生产方面存在记录造假等多种严重违反GMP的行为。根据这些违法事实,国家药监局要求吉林省食药监管局收回该公司的GMP证书,责令停止狂犬病疫苗的生产,并对该公司进行立案调查[92]。长生问题疫苗事件曝光后,引起了社会对药品安全的巨大恐慌。国家主席习近平、国务院总理李克强分别就长生疫苗事件做出了重要批示,要求有关地方和部门立即调查事实真相,一查到底,严肃问责,依法从严处理。2018年10月16日,根据有关法律规定,国家药监局依法撤销该公司狂犬病疫苗的《药品批准证明文件》和《生物制品批签发合格证》,并处罚款1 203万元[93]。吉林省食药局依法给予该公司下列处罚:①吊销该公司《药品生产许可证》;②没收违法生产的疫苗和违法所得18.9亿元,并处违法生产、销售货值金额3倍罚款72.1亿元,罚没款共计91亿元;③没收专用于生产涉案产品的原料、辅料及包装材料;④涉案的14名直接负责的主管人员和其他直接责任人员十年内不得从事药品生产经营活动[94](见表3-3)。

表3-3 2018年第十一期食品药品行政处罚案件信息公开表(节选)

行政处罚决定书文号	案件名称	违法企业名称或违法自然人姓名	主要违法事实	行政处罚的种类和依据
吉食药监药行罚〔2018〕17号	长春长生生物科技有限责任公司生产、销售劣药"冻干人用狂犬病疫苗"(Vero细胞)案	长春长生生物科技有限责任公司	该公司2014年1月至2018年7月,违法生产、销售冻干人用狂犬病疫苗(Vero细胞)共计748批(含亚批)。具体违法事实如下:①采用原液混批勾兑的方法生产涉案产品;②更改涉案产品的生产批号或实际生产日期;③用过期原液生产涉案产品;④违反制造及检定规程;⑤生产冻干人用狂	该行为违反了《药品管理法》(2013年修订)、《药品管理法》(2015年修订)第九条第一款、第十条第一款、《药品管理法》(2015年修订)第十二条、第六十三条第一款、《药品生产质量管理规范》(2010年修订)第四条、第一百八十四条、第二百二十三条、《药品生产监督管理办法》(国家食品药品监督管理局令第14号,2017年修订)第四十六条、《中华人民共和国行政许可法》第三十一条、《生物制品批签发管理办法》(国家食品药品监督管理总局令第39号)第三条第二款、第三款的规定。依据《药品管理法》(2013年修订)、《药品管理法》(2015年修订)第四十九条第三

（续表）

行政处罚决定书文号	案件名称	违法企业名称或违法自然人姓名	主要违法事实	行政处罚的种类和依据
			犬病疫苗（Vero 细胞）离心机的型号变更未按规定备案；⑥编写虚假的批生产记录、批检验记录、伪造动物试验记录等；⑦骗取涉案产品生物制品批签发合格证；⑧为掩盖违法事实，销毁相关证据。	款第（六）项以及《药品管理法》（2015 年修订）第四十九条第三款第（一）项、第（二）项的规定，该公司 2014 年 1 月以来生产的涉案产品应当按劣药论处。根据《药品管理法》（2013 年修订）第七十五条、第七十九条、《药品管理法》（2015 年修订）第七十四条、第七十八条规定；根据《药品管理法》（2013 年修订）第七十五条、《药品管理法》（2015 年修订）第七十四条、《药品管理法实施条例》（2016 年修订）第七十三条第（三）项、第（六）项规定；根据《药品管理法》（2013 年修订）第七十六条第二款、《药品管理法》（2015 年修订）第七十五条第二款规定；根据《药品管理法》（2013 年修订）第七十六条第一款、《药品管理法》（2015 年修订）第七十五条第一款规定，依法给予以下行政处罚：①吊销长春长生生物科技有限责任公司《药品生产许可证》；②没收违法生产的冻干人用狂犬病疫苗（Vero 细胞），没收违法所得，处违法生产、销售货值金额 3 倍罚款；③没收该公司专用于生产冻干人用狂犬病疫苗（Vero 细胞）的原辅材料、包装材料；④对该公司高俊芳、张友奎、等直接负责的主管人员和其他直接责任人员依法给予处罚。

来源：吉林省食品药品监督管理局

另据东方财富网报道，自长春长生公司因"狂犬病问题疫苗"事件被立案调查以来，公司股票经历了 33 个跌停，市值蒸发 207 亿元[95]，公司面临退市风险。加上国家药品监督管理局和吉林省食品药品监督管理局的行政处罚，初步估计公司的实际经济损失远远不止 300 亿元。

3.4.2 法律责任分析

1) 行政责任

长春长生公司行政处罚决定书显示，该公司存在以下八项违法行为：①将不同批次的原液进行勾兑配制,再对勾兑合批后的原液重新编造生产批号;②更改部分批次涉案产品的生产批号或实际生产日期;③使用过期原液生产部分涉案产品;④未按规定方法对成品制剂进行效价测定;⑤生产药品使用的离心机变更未按规定备案;⑥编写虚假的批生产记录、批检验记录、伪造动物试验记录等;⑦通过提交虚假资料骗取生物制品批签发合格证;⑧为掩盖违法事实而销毁硬盘等证据。上述行为违反了《药品管理法》《中华人民共和国行政许可法》(以下简称《行政许可法》)《药品管理法实施条例》《药品生产质量管理规范》《药品生产监督管理办法》《生物制品批签发管理办法》的多项法律、法规、规章,而且存在违法持续时间长、涉案产品数量巨大、销毁证据、弄虚作假等严重情节,理应对其进行严厉的处罚。但从本案的行政处罚结果看,主要存在如下问题。

(1) 对劣药的认定凸显现行法律对劣药定义不严谨。其中违法行为①中的涉案产品被认定按劣药论处,理由是:用混批勾兑的原液配制半成品的行为不符合《中华人民共和国药典》(以下简称《中国药典》)三部"凡例"中对半成品的规定,即半成品指"由一批原液经稀释、配制成均一的中间品",从而违反了《药品管理法》(2013 年及 2015 年修订)第四十九条第三款第(六)项"其他不符合药品标准规定的"规定。通常情况下,人们对于某个药品标准的理解仅限于国家标准或地方炮制规范中有关该药品的各项质量指标,该解释突破人们对于质量标准的常规理解,有利于打击不按规定工艺生产药品的违法行为。但如果按照这种解释,生产过程中对国家标准或地方炮制规范规定任何微小的偏离都有可能被认定为按劣药论处,因而必须对劣药定义中"其他不符合药品标准规定的"的适用加以限制,否则在现实中有被随意扩大处罚范围的危险,法律的可预见性将被破坏,不利于保护相对人的合法权利。

(2) 对一些严重违法行为的惩罚力度不足。对于③、④、⑥三项违法行为严重违反了《药品生产质量管理规范》,但按照现行《药品管理法》(2015 年修订)第七十八条规定,只能给予警告,责令限期改正;责令停产整顿,并处五千元以上二万元以下的罚款;情节严重的吊销《药品生产许可证》等处罚。行为⑤违反了《药品生产监督管理办法》第四十六条关于关键生产设施变更备案的规定,按照《药品生产监督管理办法》第五十五条规定,只能给予警告,责令限期改正。行为⑦主要违反了《生物制品批签发管理办法》(局令 39 号)第三条关于批签发资料真实性的规定,按照《药品管理法》第八十二条规定"撤销药品批准证明文件,五年内不受理其申请,并处一万元以上三万元以下的罚款"。行为⑧违反了现行《药品管理法》(2015 年修订)第六十三条规定,根据《药品管理法实施条例》(2016 年修订)属于从重处罚的

情形,而没有对应的处罚条款。冻干人用狂犬病疫苗(Vero 细胞)属于高风险产品,对生产工艺、生产环境、质量控制都有着严格的要求,生产过程的污染、产品功效不足均有可能危及患者生命安全。而上述违法行为均有导致产品污染、功效下降的安全风险,对药品安全来说性质非常严重,但这些行政处罚中最严厉的莫过于"撤销药品批准证明文件,五年内不受理其申请",而其他处罚对企业的威胁都不是很大,如果不是因为违法行为①和②构成生产、销售劣药行为,该公司或许就可避免被处以 91 亿元的行政罚款。

(3) 对关键责任人的惩罚力度不足。本案对企业进行行政处罚的同时,还对涉案的高俊芳等 14 名直接负责的主管人员和其他直接责任人员处以资格罚,提高了企业中个人的违法成本,强化了法律制度所具有的教育、引导以及惩戒功能。但就对个人处罚而言,主要存在如下不足:一是只有从业资格罚,没有财产罚。如果相关责任人不能以生产劣药罪追究刑事责任,则对企业的巨额罚款将由广大股东分担,而对该企业负责人及相关责任人从长期生产、销售劣药的违法活动中获取的巨大收入一概不问,违法者个人承担的违法成本只是"十年内不得从事药品生产、经营活动"的处罚,显然是不公平的。这些违法个体的非法收入或许足以保证其今后十年内即使不工作也能衣食无忧,且因我国对于违反资格罚的单位和个人均无相应处罚措施,即使受到上述禁止从业处罚,这些责任人仍可通过各种形式暗中在其他公司从业,一些人还可以改行从事研发、顾问等工作。由此可见,该案中资格罚对违法个体产生的成本有限。二是处罚的公平性不足。该案涉及的违法个体包括上至董事长,下至一般职工,各人在违法中扮演角色和所起作用大小各不相同,但按照《药品管理法》第七十五条只能做出同样的处罚,对不同的违法个体来说明显是不公平的。

(4) 处罚概率过低,处罚力度不足。长春长生公司自 2014 年 1 月一直从事违法生产问题疫苗直至 2018 年 7 月案发,违法持续时间近 5 年,共计生产 748 批(含亚批)涉案产品,若非被人举报,该公司违法行为被查处的概率极低。这并不是因为监管机构能力不强,而是因为疫苗生产企业与监管机构之间存在严重的信息不对称。该公司通过人为故意造假以掩盖违法事实,短期的检查很难发现这些违法行为,而监管机构又不可能每时每刻对企业生产活动进行全程监督。根据法经济学理论,违法成本取决于惩罚概率与惩罚力度之积,在惩罚力度不变的情况下,惩罚概率下降必然会导致违法成本下降。因此,对于故意违法一经发现,理应加重处罚以弥补因惩罚概率下降造成的违法成本过低的不足,从而对违法者形成足够的惩戒效果。监管部门对长春长生公司的罚款金额看似巨大,但主要是涉案数额巨大所致。而从处罚幅度上看,尽管该公司存在种种恶意行为,最终不过是对其处以货值金额 3 倍的罚款,因此实质上处罚力度并不大。

2) 刑事责任

根据违法事实,长春长生公司主观上已构成故意,涉案数额巨大,由此可能涉及的刑事责任有两种:涉嫌生产、销售伪劣产品罪和生产、销售劣药罪。

(1) 生产、销售伪劣产品罪的认定。根据《刑法》(2015 年修正)第一百四十条规定,构成生产、销售伪劣产品罪除了具有主观故意外,还需要满足以下客观方面要求:表现为行为人在生产、销售的产品中掺杂掺假、以假充真、以次充好或者以不合格产品冒充合格产品,且产品销售金额 5 万元以上的情形。但司法部门对伪劣产品的认定一般以法定的质量检验机构的鉴定结果为准①。从长春长生公司公司以往的批签发情况看,其违法生产的疫苗虽然风险很大且涉案数额巨大,但该公司生产中利用技术手段故意地利用了质量标准的漏洞,其产品按照法定标准检验很可能是合格的,因而判处生产、销售伪劣产品罪的概率不大。

(2) 生产、销售劣药罪的认定。根据《刑法》(2015 年修正)第一百四十二条第一款规定,生产、销售劣药罪需要满足故意生产、销售劣药且对人体健康造成严重危害的主观和客观条件。从本案的违法事实看,依据现有《刑法》规定判定长春长生公司生产销售劣药罪非常困难。理由如下:一是按劣药论处的情形在《刑法》中没有明文规定。《刑法》第一百四十二条第二款明文规定“本条所称劣药,是指依照《药品管理法》的规定属于劣药的药品”。按照刑法中“法无明文规定不为罪”的基本原则,按劣药论处的药品应排除在刑事责任之外,而本案中长春长生所生产的冻干人用狂犬病疫苗(Vero 细胞)属于按劣药论处的情形,不符合刑事立案标准。二是假设本案能够按照“生产、销售劣药罪”立案,但又面临着“对人体健康造成严重危害”事实认定的困难。因为生产、销售劣药罪在现行《刑法》体系下属结果犯,即需产生实际的危害结果才可能构成本罪,若实际危害结果确已产生,则需认定该生产劣药的行为与危害结果之间是否存在直接的因果关系[26]。根据《最高人民法院、最高人民检察院关于办理危害药品安全刑事案件适用法律若干问题的解释》(法释〔2014〕14 号)第二条虽然明确规定了致人伤残、功能障碍、死亡等具体情形,但如第四章所述,药品致害机制往往十分复杂,且损害具有较强的隐蔽性和长期性,对受害人和法院来说,要从医学上证明疫苗缺陷与损害之间的因果关系不仅非

---

① 《最高人民法院、最高人民检察院关于办理生产、销售伪劣商品刑事案件具体应用法律若干问题的解释》(法释〔2001〕10 号)第一条第五款规定,对本条规定的不合格品难以确定的,应当委托法律、行政法规规定的产品质量检验机构进行鉴定”。

常困难,而且要耗费巨大的时间和金钱,故一般情况下受害人不会起诉厂家。长春长生公司相关违法行为实际上自 2014 年已经开始,但至今未听说有多少受害者与注射该公司的冻干人用狂犬病疫苗(Vero 细胞)有关。总之,该案难以满足生产、销售劣药罪的客观要件,无法判定为生产、销售劣药罪。

3) 侵权责任

由于长春长生公司在生产过程中严重违反生产工艺要求和 GMP,导致原本就属于高风险产品的冻干人用狂犬病疫苗存在巨大的安全隐患。根据吉林省药品监管部门对该公司下达的处罚决定书,该公司违法所得近 1.9 亿元,按此计算估计有高达 567 万人接种了该公司的狂犬病问题疫苗。因此,极有可能在全国范围内产生的大量的受害者。考虑到药品侵权诉讼在现实中的种种困难,为做好长春长生公司狂犬病问题疫苗赔偿工作,国家有关部门和地方政府按照科学、便民的原则,专门制定了《长春长生公司狂犬病问题疫苗赔偿实施方案》(以下简称《赔偿方案》),就该公司问题狂犬病疫苗的赔偿范围、赔偿标准、损害认定标准及工作程序等具体问题专门做出了规定[96]。

(1) 侵权责任的认定。按照侵权法规定,疫苗侵权责任的构成要件包括缺陷、损害事实与因果关系三个因素。

在缺陷认定方面,根据《产品质量法》(2000 年修订)第四十六条关于缺陷规定,疫苗存在缺陷是指疫苗不符合国家药品标准。本案中违法行为①的涉案疫苗被认为是不符合《中国药典》规定,因此可以认定违法行为①的涉案疫苗存在缺陷。

在损害事实方面,根据《赔偿方案》规定,受种者因预防接种长春长生公司狂犬病问题疫苗造成关联损害,导致一般残疾、重度残疾或死亡的,可依法申请赔偿。

在因果关系认定方面,针对此次狂犬病问题疫苗事件,《赔偿方案》第九条和第十条规定,由设区的市级卫生计生行政部门设立专家组负责损害认定,其中包括损害结果与接种狂犬病问题疫苗之间的因果联系。

(2) 损害赔偿。针对本次狂犬病问题疫苗事件中的受害者补偿问题,《赔偿方案》根据损害程度的不同,划分为 3 个赔偿等级:①一般残疾的一次性赔偿 20 万元/人;②重度残疾或瘫痪的一次性赔偿 50 万元/人;③导致死亡的一次性赔偿 65 万元/人。

(3) 本案中侵权责任方面的不足。由于受害者接种时对于问题疫苗并不知情,即使发生身体侵害,通常情况下,将被接种机构作为一般不良反应加以处理。如果接种无效或者效果不好,导致受害人残疾或死亡,依然有可能被认为是伤口处理不当、不及时等多种因素所致;企业有时为了掩盖其产品缺陷致害的事实,也很有可能采取与受害人私下解决的方式补偿受害者,受害者考虑到民事诉讼的种种困难,如果没有确切证据证明疫苗有问题,很可能就不了了之。这些因素导致现实中该公司被提起侵权诉讼的概率极低。根据媒体公开信息,目前尚未发现有关长春长生狂犬病问题疫苗侵权诉讼事件的报道。从《赔偿方案》看,本案在侵权责任方面主要存在如下问题。

一是药品损害救济制度亟需进一步完善。《赔偿方案》针对长春长生公司狂犬病问题疫苗的赔偿范围、赔偿标准、损害认定标准及工作程序等做出了明确规定,有利于受害人及时获得赔偿和救治,我国药品侵权责任制度在损害救济方面的不足。但《赔偿方案》只是针对长春长生公司狂犬病问题疫苗侵权责任的暂时规定,现实中其他药品侵权事件损害救济力度不足的问题仍未得到根本解决。

二是缺少惩罚性赔偿规定。《侵权责任法》第四十七条规定,明知产品存在缺陷仍然生产、销售,造成他人死亡或者健康严重损害的,被侵权人有权请求相应的惩罚性赔偿。本案中,长春长生公司主观上明显存在故意违法行为,故应对其进行惩罚性赔偿以示惩戒,但《实施方案》中规定的赔偿金只是对受害人的补偿,却没有涉及惩罚性赔偿的规定,致使受害人是否可以请求惩罚性赔偿成为未知数,这将降低了企业的侵权成本,不仅不利于惩罚此类恶意违法行为,而且不利于激发受害人的维权积极性。

3.5　小结

综上所述,我国药品安全责任体系由行政责任、刑事责任和侵权责任三部分构成,保障药品安全需要共同发挥三种责任对药品安全主体的激励作用。从总体上看,长期以来我国在药品安全管理方面偏重于行政责任,而对于刑事责任和侵权责任重视不足。近年来,对于刑事责任有不断加强的趋势,但从具体的法律责任设置方面看,在行政责任方面的主要问题是:假劣药品责任划分不合理,对违法行为惩罚力度不足,未落实关键责任人责任,激励机制不够合理;在刑事责任方面的主要问题是:刑事责任在药品安全中的作用发挥不足,《刑法》对药品安全刑事责任的规定不完善,行刑衔接机制不完善;在药品安全侵权责任方面的主要问题是:药品缺陷界定标准不合理,损害赔偿制度对消费者的保护力度不足。上述问题削弱了法律规范在打击、遏制违法犯罪行为方面的力度,使得我国药品安全问题一直未能得到有效解决。

由于企业与监管机构之间存在严重的信息不对称,监管机构在有限的监管资

源约束下,无法对企业进行生产经营活动进行全程监督以避免所有的违法事件发生。因此,药品安全的责任主体是企业,企业的诚信守法才是药品安全的关键。长春长生公司"狂犬病问题疫苗"事件的发生进一步凸显了我国当前法律责任设置上的不足。如在对劣药定义不严谨、对一些严重违法行为的惩罚力度不足、对违法行为的处罚概率过低、对个人处罚力度不足、难以追究刑事责任、侵权责任的因果关系证明难等。上述各种因素综合作用的结果,显著降低了企业及其相关责任人员的违法成本,削弱了法律的约束功能。当务之急是通过科学的法律责任设计,提高企业及其从业人员的违法成本,有效震慑各种恶意违法犯罪行为,并激励企业及其从业人员严格执行各项药品安全法律规范,实现维护公众健康的目的。

4 发达国家药品安全相关法律责任体系研究

综观世界上一些主要的发达国家，很早就药品安全进行了专门立法，在药品安全法律责任设计方面积累了丰富的经验。本章以美国、德国、日本为代表，分析了这些国家药品安全行政、刑事和侵权方面法律责任设计的特点，以期为完善我国药品安全责任体系提供可资借鉴的经验和启示。

4.1 发达国家药品安全监管法律责任的设立及其特点

4.1.1 美国药品安全监管法律责任的设立

鉴于历史上药害事件对人类健康造成的巨大危害。美国政府强调运用严厉的法律手段打击药品安全领域的违法犯罪行为，为此建立了以《联邦食品、药品和化妆品法案》（以下简称 FDCA）为主体，以《仿制药品实施法案》（以下简称 GDEA）、《美国联邦法规汇编》（以下简称 21CFR）、州药品法规及各类指南为补充的法律体系，从药品研发、注册、生产、销售、广告、上市后监测乃至退市整个生命周期都设置了严密的法律责任。美国药品监管法律法规要求药品上市申请人（applicant）或申请持有人（applicant holder）对药品整个生命周期的有关安全性、有效性负有保证义务与责任[97]，各个环节相关责任主体在其职责范围内各负其责。FDCA 统一设置了行政责任和刑事责任，美国食品药品监督管理局（FDA）则兼具行政执法权和刑事执法权。

1) 违反药品研究、上市许可相关规定的法律责任(见表 4-1)

药品研究的数据和申请文件是新药上市风险效益评判的依据,因此美国在药品立法上非常重视药品研究和上市申请数据的完整性和真实性。FDCA 第 301、303、306、307、505 条和 21CFR56、312、314 部分等相关法条中明确规定了相关责任主体在药品研究和上市许可方面的义务和责任。

(1) 药品临床研究方面的规定。根据 21CFR312 部分——新药研究申请规定,申请人、临床研究人员、伦理委员会必须严格依法进行临床试验,保证临床研究数据真实、可靠、完整,违者将受到警告信、取消临床研究资格(disqualification)、暂停临床试验(clinical hold)、终止临床研究(terminate)等行政制裁[98];FDCA 第 505 条(i)(k)款规定,新药上市申请人、研究者等相关责任主体应如实建立、维护和提供关于药品安全性和有效性的研究记录和报告,不得拒绝、阻碍监管人员查证和复制临床研究记录,违者将依 FDCA 第 303 条(a)款处以 1 年以下监禁或 1 000 美元以下罚金,或两者并处;再犯或以欺骗或误导为目的实施此类犯罪行为者,处以 3 年以下监禁或 10 000 美元以下罚金,或两者并处[100];对于药品临床研究中实施犯罪行为的机构和个人将依 FDCA 第 306 条处以禁令(debarment)①。

(2) 新药上市申请方面的规定。FDCA 第 505 条规定,新药上市前必须依法获得批准,禁止任何人将未批准上市的新药引入或运送到州际贸易中,违者将依 FDCA 第 303 条(a)款规定受到刑事处罚[99];21CFR314 部分——新药上市申请规定,新药上市申请人向 FDA 申报的各项研究数据必须真实、可靠、完整,如果存在标签上有任何错误或者误导信息、新药上市申请中包含重要事实的虚假说明、拒绝接受卫生及公共服务部授权的官员或雇员检查、或拒绝向 FDA 提交研究中使用的药品留样等情形,FDA 将依法拒绝批准新药上市申请[100];21CFR314 部分第 620 条规定,对于已经批准上市的药品,如果存在上市后临床研究不能验证临床获益、申请人未能尽职进行上市后研究、宣传资料有虚假或误导信息、有其他证据表明药品在其使

---

① 禁令:1992 年 GDEA 实施后,FDCA 第 306 条针对在药品研发和申请方面实施犯罪行为的机构和实施了药品相关犯罪行为的个人设置了禁令,禁止这些机构和个人参与任何与药品申请有关的活动[101]。禁令分为强制性禁令(mandatory debarment)和非强制性禁令(permissive debarment)两种。前者适用于在药品研发和申请过程中违反联邦法律的重罪;后者是比前者较轻的处罚,一般适用于在药品研发和申请过程中违反联邦法律的轻罪、违反州法律的重罪以及其他一些违反药品法规程序的行为。对机构的强制性禁令期限为 1~10 年,如果在 10 年内重犯,则禁令期限为永久;对个人的强制性禁令期限为永久,对个人和机构的非强制性禁令期限不超过 5 年。FDCA 第 307 条(a)款规定,如果有已获批准或正在申请药品的人以任何身份故意雇佣处于禁令期间内的人员,以及处于禁令期间的个人以任何身份为已获批准或正在申请药品的人提供服务,对违法者个人处以每次不超过 250 000 美元,对机构处以每次不超过 1 000 000 美元的民事罚款

用条件下不安全或无效等情形,FDA可以依法撤销该许可;对于新药上市申请中实施犯罪行为的个人将依FDCA第306条处以禁令(debarment)。在仿制药上市申请方面,FDCA第307条(a)款规定,如果发现任何人故意造假或隐瞒事实、行贿、妨碍调查等违法行为,对个人处以每次不超过250 000美元、对机构处以每次不超过1 000 000美元的民事罚款(civil penalty)[99]。

表4-1 美国违反药品研究、上市许可相关规定的法律责任

义务	违法行为	处罚依据	法律责任
申请人、临床研究人员必须严格依法进行临床试验,保证临床研究数据真实、完整	新药临床研究过程中违反数据真实、完整的规定	21CFR312部分——新药研究申请	警告信、取消临床研究人员资格、暂停临床试验、终止临床研究等
新药上市申请人、研究者等相关责任主体应如实建立、维护和提供关于药品安全性和有效性的研究的记录和报告	不按新药临床试验规定建立或保留任何记录、提供报告,或拒绝提供、查证或复制临床研究记录	FDCA第303条(a)款、第306条	处以监禁或罚金,或二者并处;对实施犯罪行为的个人处以禁令
新药上市前必须依法获得批准	将未批准上市的新药引入或运送到州际贸易	FDCA第303条(a)款、第306条	处以监禁或罚金,或两者并处;对实施犯罪行为的机构和个人处以禁令
新药上市申请人向FDA申报的各项研究数据必须真实、可靠、完整	标签上有任何错误或者误导信息、新药上市申请中包含重要事实的虚假说明、拒绝接受卫生及公共服务部授权的官员或雇员检查、拒绝向FDA提交研究中使用药品留样	21CFR314部分第125和126条	拒绝批准新药上市申请
药品上市许可持有人应积极履行进行上市后研究职责,保证药品安全、有效	上市后临床研究不能验证临床获益、申请人未能尽职进行上市后研究、宣传资料有虚假或误导信息、有其他证据表明药品在其使用条件下不安全或无效等	21CFR314部分第620条	撤销该药品上市许可
申请人及相关人员应确保仿制药上市申报资料的真实、可靠,禁止行贿卫生和公共服务部官员、妨碍执法检查	故意造假或隐瞒事实、行贿、妨碍调查等违法行为	FDCA第307条	对个人和机构处以民事罚款

2) 违反药品生产、销售相关规定的法律责任(见表4-2)

(1) 生产、销售冒牌药、掺假药和错误标识药品的规定。美国将违法药品分为冒牌药(counterfeit drug)、掺假药(adulterated drug)和错误标识药品(misbranded drug)。假药指药品或者其容器、标识在未经授权的情况下,擅自仿冒真正的药品生产者、加工者、包装者、经销者的名称、商标或其他标记标识,而使人误认为该药品是真正的药品生产者、加工者、包装者或经销者的药品[99]。掺假药指药品的有效成分的含量、质量、纯度等与法定规范不符,药品生产操作条件或容器不符合规范造成间接污染,药品混有异物造成直接污染等3种情形。错误标识药品可归纳为2类:①药品名称、标识设计的形式内容等不符合法定要求;②药品标识披露的信息存在缺陷,包括信息有误、不显著或容易引起误解,或者按照标识信息使用药品可能会危害健康等情形[101]。FDCA第301条(a)、(b)、(c)、(g)、(i)款规定,任何人不得生产、销售或运送假药、掺假药、错误标识药品,违者将依FDCA第303条(a)款追究刑事责任;但对那些非恶意(in good faith)实施了上述行为的人,如果他能够按照FDCA第303条(c)款要求向卫生及公共服务部提供包含供货者姓名和地址的保证或承诺以及其他必要的证明,符合本条规定的免责条件,将免于追究刑事责任。

表4-2　美国违反药品生产、销售相关规定的法律责任

义务	违法行为	处罚依据	法律责任
禁止任何人生产、销售或运送假药、掺假药、错误标识药品	生产、销售或运送假药、掺假药、错误标识药品	FDCA 第 303 条(a)款	处以1年以下监禁或1 000美元以下罚金,或两者并处;再犯或以欺骗或误导为目的实施此类犯罪行为者,处以3年以下监禁或10 000美元以下罚金,或两者并处
药品制造商、加工商、包装商或仓储商的所有者、经营者或代理人不得延误、抵制、限制或拒绝接受FDA授权的官员或雇员进行执法检查	故意实施前述行为	FDCA 第 303 条(a)款	同上
任何人不得实施下列行为:①非法进口药品;②销售、购买或交换药品样品或药品优惠券;③未经许可批发药品。	故意实施前述行为	FDCA 第 303 条(b)款(1)项	处以10年以下监禁或250 000美元罚金,或两者并处

(2) 违法销售药品行为的规定。FDCA 第 301 条(t)款、第 503 条(c)和(e)款等规定,任何人不得实施下列行为:①非法进口药品;②销售、购买或交换药品样品或药品优惠券;③未经许可批发药品。故意违反者将依 FDCA 第 303 条(b)款(1)项处以 10 年以下监禁或 250 000 美元罚金,或两者并处[99]。21CFR205 部分——处方药批发州许可指南第 8 条规定,对违反联邦、州或地方药品法律、法规的处方药批发商,州相关法律应规定暂停或撤销销售许可证,并可处以罚金、监禁或民事罚款[102]。

(3) 被监管主体延误、抵制、限制或拒绝接受检查的规定。FDCA 第 702、703、704 条授予 FDA 官员或雇员检查药品生产、运输、仓储等场所的权力,若药品制造商、加工商、包装商或仓储商的所有者、经营者或代理人延误、抵制、限制或拒绝接受 FDA 授权的官员或雇员进行执法检查,其产品将被视为掺假药[103],并依 FDCA 第 303 条(a)款追究刑事责任。

3) 违反药品广告相关规定的法律责任(见表 4 - 3)

美国对药品广告分为处方药和非处方药进行监管,其中联邦贸易委员会负责非处方药广告的监管,FDA 负责处方药广告的监管。

(1) 对发布不实非处方药广告的规定。根据《联邦贸易委员会法案》(以下简称 FTCA)的规定,任何人不得制作发布不实非处方药广告,违者将处以 6 个月以下有期徒刑,单处或并处 5 000 美元以下罚金;再犯者处以 1 年以下有期徒刑,单处或并处 10 000 美元以下罚金[104]。

(2) 对发布虚假、误导性或均衡性不足的处方药广告的规定。根据 21CFR 202 处方药广告法规规定,药品广告应真实、合法,不得对患者用药有任何误导,药品的制造商、包装商或经销商发布或促使发布的虚假、误导性或均衡性不足的处方药品广告,其经销的库存药品和流通渠道中的药品将根据 21CFR 202 第 1 条第(k)项的规定被认定为 FDCA 第 502 条(n)款规定的错误标识药品[105],并依照 FDCA 第 303 条(a)款规定追究刑事责任。

表 4 - 3　美国违反药品广告相关规定的法律责任

义务	违法行为	处罚依据	法律责任
任何人不得制作发布不实非处方药广告	制作发布不实非处方药广告	FTCA	处以 6 个月以下有期徒刑,单处或并处 5 000 美元以下罚金;再犯者处以 1 年以下有期徒刑,单处或并处 10 000 美元以下罚金

（续表）

义务	违法行为	处罚依据	法律责任
处方药品广告应真实、合法，不得对患者用药有任何误导	药品的制造商、包装商或经销商发布或促使发布的虚假、误导性或均衡性不足的处方药品广告	FDCA 第 303 条（a）款、21CFR 202 第 1 条第（k）项	按错误标识药品处以 1 年以下监禁或 1 000 美元以下罚金，或两者并处；再犯或以欺骗或误导为目的实施此类犯罪行为者，处以 3 年以下监禁或 10 000 美元以下罚金，或两者并处

4）违反药品上市后监测、召回相关规定的法律责任（见表 4 - 4）

（1）药品上市监测方面的规定。根据 21CFR314 部分——新药上市申请第 80、81 条规定，药品上市申请人、制造商、包装商或经销商等相关主体均有义务对上市药品进行监测，并在规定的时间内向 FDA 提交药品上市后药品不良反应报告、新药申请现场警戒报告（NDA-field alert report）以及与药品安全有关的年度报告；如果申请人（包括制造商、包装商或经销商等相关人员）不按规定提交上述报告，则 FDA 可以撤销已批准上市的药品许可，禁止继续销售已上市的药品[106]；根据 FDCA 第 301 条（ii）款规定，禁止向责任人（指非处方药标签上的制造商、包装商和经销商）或向卫生及公共服务部部长提交虚假的非处方药严重不良事件（adverse event）报告，违者将依照 FDCA 第 303 条（a）款追究刑事责任。

（2）药品召回方面的规定。21CFR7 部分 C 子部——召回（包括产品纠正）政策、程序和行业责任指南将召回作为消除和纠正消费品违反 FDA 监管法律规定的有效措施，是制造商和经销商为履行其保护公众健康和福利责任而发生的自愿行为，目的是使公众免受有损害健康、严重欺骗性或其他缺陷风险的产品侵害。召回可由制造商和经销商在任何时候自愿进行，在紧急情况下 FDA 可以要求企业召回。当企业拒绝进行 FDA 要求的召回，或者 FDA 有理由认为某个召回无效，或者发现企业继续生产销售损害健康、严重欺骗或有其他缺陷风险的产品时，FDA 将会依法向法院发起扣押或其他法律诉讼措施的申请[107]。例如，某企业生产销售有质量问题或错误标识的药品，FDA 可依违反 FDCA 第 301 条为由申请法院对该企业药品进行扣押并提起刑事诉讼。但通常情况下，企业都会主动召回或按照 FDA 要求及时召回有缺陷的产品，因为如果不及时召回缺陷产品，除了受到上述法律制裁措施外，还有可能导致巨额的侵权赔偿，得不偿失。

表 4-4　美国违反药品上市后监测、召回相关规定的法律责任

义务	违法行为	处罚依据	法律责任
药品上市申请人、制造商、包装商或经销商等相关主体均有义务对上市药品进行监测,并在规定的时间内向 FDA 提交药品安全相关报告	不履行上市后监测和报告义务	21CFR314 部分——新药上市申请第 80、81 条	撤销已批准上市的药品许可,禁止继续销售已上市的药品
禁止向责任人(指非处方药标签上的制造商、包装商和经销商)或向卫生及公共服务部部长提交虚假的非处方药严重不良事件	违反前述规定	FDCA 第 303 条(a)款	处以 6 个月以下有期徒刑,单处或并处 5 000 美元以下罚金;再犯者处以 1 年以下有期徒刑,单处或并处 10 000 美元以下罚金
主企业应动召回或按照 FDA 要求及时召回有缺陷的产品	企业拒绝进行 FDA 要求的召回、召回无效,或者继续生产销售损害健康、严重欺骗或有其他缺陷风险的产品	21CFR7 部分 C 子部	依法向法院发起扣押或其他法律诉讼措施的申请

4.1.2　德国药品安全监管法律责任的设立

德国是世界上很早对药品进行立法的国家,沙利度胺(以下简称"反应停")事件促使德国在 1976 年制定了欧洲最早的一部关于药品的立法——《药物伤害法》,1978 年修订为《药品法》,之后又经过多次修订,不断趋于完善。现行德国《药品法》(2016 年修订)共有 18 章和 19 分章 147 条,详细规定了立法目的、术语定义、适用范围、对药品的要求、生产、上市许可、注册、销售、质量控制、药物警戒、监督、进出口、法律责任等内容[108]。《药品法》对相关责任主体的义务做出了如下规定:①药品制造商对所生产的药品安全负有保证义务;②参与临床试验的申办者,研究者和所有其他相关人员,在进行人体药品临床试验时,应满足欧盟 2001/20/EG 号指令第 1 条第 3 款规定的临床试验规范要求;③药品上市须依法经过许可;④禁止生产、进口、销售不安全的药品、偏离制药规范的劣质药品、伪造药品或活性物质错误标识药品和不按规定分发处方药,等等。

在法律责任设置上,《药品法》针对药品安全的特殊性,详细规定了对各种违法

犯罪行为的刑事责任、行政责任以及具体的裁量原则,具有很强的可操作性。

（1）在刑事责任方面,《药品法》第95条第1款规定,任何人（包括个人或法人,下同）违反本法相关规定实施了下列行为之一的,将被处以不超过3年的监禁或罚金:①销售或使用不安全的药品;②销售联邦卫生部禁止销售和使用的药品;③生产或销售偏离制药规范的劣质药品、伪造药品或活性物质;④不按规定交易或分发处方药。

具有下列特别严重情形之一的,将被处以1至10年监禁:①危害公众健康;②使他人面临死亡或身体健康严重损害的风险;③出于明显的自利目的为自己或他人谋取相当大的金钱收益;④有组织地、反复地生产或销售伪造药品或活性物质。但如果肇事者在第95条第1款所述的情况下因过失而违法,则处以不超过1年的监禁或罚款。《药品法》96条规定,任何人在药品生产过程中非法使用限制或禁止使用的物质、生产或销售错误标识药品、未经许可生产或进口药品、不按临床试验规范进行临床试验、将伪造药品或活性物质进口到适用本法的地域范围内等行为,将被处以不超过1年的监禁或罚金。

（2）在行政责任方面,《药品法》第97条规定,任何人因过失实施了第96条第1-5b、6、7-18e、19、20款关于药品临床试验、上市许可、生产、进口、销售等规定的行为,以及因蓄意或过失违反临床试验、生产、销售、标识、药物警戒等规定的一些较轻的违法行为,均属于行政违法行为,可处以不超过25 000欧元的罚款。此外,根据《药品法》第6、18、30、42a、69条规定,联邦卫生部有权根据安全监管需要,采取公开警告,限制或禁止生产、销售、使用、扣押某种药品,撤回、撤销或暂停生产许可或上市许可,下令召回等行政措施。

4.1.3　日本药品安全监管法律责任的设立

现代日本药品立法起源于1889年制定的《药品加工与销售条例》,1943年日本制定了《药事法》,其后又经过了多次修订。日本药品法律体系主要分为3类:①由议会批准通过的称法律,如《药事法》《药师法》《有毒有害物质控制法》等;②由政府内阁批准通过的称政令或法令;③由厚生劳动省大臣批准通过的称告示或省令[109]。在众多的法律法规中,《药事法》是药品安全监管的基本法。现行《药事法》为2016年修订版,全称为《药品、医疗器械等的质量、有效性及安全性的确保等的法律》,共有17章91条,内容涵盖药品、准药品、化妆品、医疗器械、再生医疗产品、生物制品等类型的产品。在药品方面主要涉及药物的临床试验、上市许可、生产、销售、标准与检验、广告、药物警戒、监督、处罚等相关规定[110]。在法律责任设置上,日本《药事法》设置了行政和刑事两种责任形式。行政责任主要表现为日常监管中产品的召回、产品上市、生产、销售各种许可的撤销、停业整改等。《药事法》专设十七章针对各种药品安全的刑事责任做出了非常详细的规定,内容不仅包括注册认证机构的刑事责任,而且包括企业在药品注册、认证、生产、销售、广告、标识等方面的刑事责任。如第八十三之六对注册认证机构的工作人员受贿或索贿等行为处以 7 年以下的监禁,第八十三条之七对向上述工作人员的行贿者处以 3 年以下或 250 万日元以下的罚款,如果行贿者自首可以减轻或者免除其刑罚;第八十四条对未经许可开设药房、生产销售未经上市许可药品、销售不合格药品以及被微生物污染而变质的药品、混入异物的药品等行为处以 3 年以下的监禁或 300 万日元以下的罚金,或两者并处;第八十五条对未按规定的方法销售或赠送药品、以明示或暗示的方式发布虚假或夸大广告、违反厚生劳动省关于生产销售许可和广告方面禁令等行为处以 2 年以下的徒刑或 200 万日元以下的罚金,或两者并处。此外《药事法》还对违法者个人和法人实行并罚制度。该法在第九十条还明确规定,法定代表人或者法人或个人的代理人、雇员或其他从业者,如果在其业务方面违反第八十三条之九、第八十条、第八十五条、第八十六条第一项、第八十六条之三第一项、第八十七条或者第八十八条规定的特定行为时,除了对行为人进行处罚外,也对其法人处以相应的罚金。

4.1.4 发达国家药品安全监管法律责任的特点

综合上述美、德、日三国药品监管法律责任分析,可以看出发达国家药品监管法律责任设计具有以下特点。

1) 对于违法药品分类清晰,责任划分合理

如美国将违法药品按照表现形式分为冒牌药、掺假药、错误标识药,而且对各类药品建立的清晰的分类标准。但由于各类违法药品与危害性大小之间的关系不是绝对的,故在法律责任设置上并不单纯以此分类作为危害大小和处罚轻重的依据,而主要是根据违法犯罪行为的性质、情节、危害的范围和程度等具体情形进行裁量,处罚较为公平合理。

2) 灵活而严厉的行政制裁措施

(1) 行政制裁灵活而高效。发达国家监管机构在发现任何涉及药品安全的违法违规行为时,可依据相关法律法规,灵活地采用警告信,拒绝或中止批准药品申请,撤销已批准上市的药品申请,限制或禁止生产、销售、使用某种药品,禁止从业,强制召回上市药品等一切必要的行政制裁措施,及时控制药品研发、生产、销售、使

用等过程中的安全风险。其中一些制裁措施还能够对企业声誉、产品市场、股票市场以及个人的职业生涯产生不利影响,由此加大企业违法违规成本,提高对违法违规行为的惩戒效果。

(2)严厉的行业禁入制度。行业禁入制度旨在惩罚那些在药品安全相关的从业活动中不诚信的单位和个人,这方面典型的代表是美国。依据 FDCA 第 306 条(e)款规定,FDA 可对安全活动中实施犯罪行为的单位和个人设置禁令,禁止这些单位参与仿制药品申请有关的活动,禁止个人从事药品相关行业,并将受到禁令限制的单位和个人名单在 FDA 网站上向社会公开[99]。根据 FDA 网站数据统计,截至 2017 年 2 月 27 日,共有 143 人被列入药品申请"黑名单",其中获得强制性禁令(永久禁令)102 人、获得非强制性禁令 41 人,尚无单位进入上述"黑名单"[111]。受到禁令处罚的单位不但丧失了药品申请资格,还将面临被拒绝或中止已经或正在提交的药物申请、撤销已批准上市的药品申请等一系列惩罚,如此巨大的违法成本直接威胁到一个单位的生死存亡;而对从事药品行业的个人来说,禁令将使其在许多年内或永久不能参与药品相关行业,其个人声誉和职业生涯必然受到沉重的打击。由此可见,在药品安全领域实施严厉的行业禁令制度,有利于从制药产业中彻底根除不诚实守法的人员或组织,对于提高医药行业诚信水平具有重要的作用。

3)责任落实到人

对于单位违反药品安全法律规范的行为来说,其行为的实施通常与管理者和其他从业人员的故意或者过失有关。由此可见,单位违法本质上根源于个人违法。按照"双罚制"理论,让个人直接承担违法后果不仅公平合理,而且比由单位承担违法后果更具威慑力。从美、德、日三国药品法对于药品安全各个环节的法律责任设置情况看,各国通常将责任主体设定为任何人(包括个人、企业、社团组织等),并针对各种违法情形普遍设置了针对个人的处罚措施,不仅实施违法行为的个人或组织机构要承担直接责任,而且企业负责人也要承担相应的管理者责任。例如,在1943 年的"Dotterweich 诉讼案"中最高法院判决:如果企业违法,则企业及其负责人都将受到起诉,而无须证明企业负责人是否蓄意或事先了解犯罪行为[112]。发达国家这种做法的优点在于:首先,在追究违法者责任时,由监管机构或司法机构根据案件的性质确定具体的责任主体,不会遗漏违法责任主体。其次,将责任落实到相关个人,让具体的人直接承担法律后果,有利于增强惩罚的效果。最后,对违法单位有过失的管理者进行处罚,有利于督促企业管理者不断完善内部管理,加强对员工行为的监督和约束,防止违反药品法律规范行为的产生。

4) 注重发挥刑事责任在药品安全监管中的作用

美国、德国、日本均强调运用最为严厉的刑事手段对药品进行监管,主要表现在两个方面。

(1) 刑事责任设置具有系统而明确的特点。在立法上,各国针对药品安全的特点及监管的实际需要,在药品法中较为系统地设置了药品研发、上市申请、生产、经营、广告、上市后监测各个环节的刑事责任,对各种药品安全犯罪行为的定性标准和处罚原则都做出了清晰、具体的规定。通常情况下,药品监管机构和司法机构只需依据药品基本法及药品相关法规就可以进行定罪量刑,而不再需要援引其他刑法的相关规定,操作起来方便而高效,且有利于统一执法机构与司法机构的意见,使双方紧密协作,提高打击药品犯罪行为的效率。同时,由于药品法中直接明确违反相关法条的刑事责任,对于各类药品从业人员可产生直接的、强烈的警示作用,从而强化刑事责任的威慑效果。

(2) 刑事责任与行政责任相衔接。各国在药品法中对行政责任和刑事责任同时做出具体规定,有利于两者在药品监管过程中紧密衔接,互为补充。在药品安全监管方面,行政责任重在控制和防止药品安全事件的发生和扩大,而刑事责任则重在惩罚和威慑各种严重危害药品安全的行为。为了提高打击违法犯罪效率,美国联邦政府还授权 FDA 在其职责范围内统一行使行政和刑事执法权,以便提高打击违法犯罪行为的效率。刑事责任以其严厉的惩罚手段对药品安全犯罪分子可产生强大威慑作用,现实中一些敢于实施犯罪的企业都为此付出了极其惨重的代价。如美国司法部曾对不少国际上的知名制药企业都开出过巨额罚单。这方面典型的案例是 2012 年葛兰素史克公司因销售错误标识药品 Paxil 和 Wellbutrin、未报告关于药物 Avandia 安全性的数据而违反了 FDCA 规定,被美国司法部判处罚金 956814400 美元,并没收违法所得 43 185600 美元[113]。

发达国家之所以在药品安全监管立法上如此重视刑事责任,笔者认为原因有三。①从危害后果看,一些在临床试验、上市申请、生产、广告等方面违反药品安全法律规范的行为往往具有极大的危险性,一旦造成药害事件便会对消费者身体健康造成严重的伤害,重则致残、致死,其危害后果一点儿也不亚于其他侵犯人身权利的刑事犯罪行为,对行为者处以刑事处罚符合过罚相当的法律原则。②从执法手段看,现代社会药品安全问题极为复杂,既有产品内生风险,又有外在的人为因素。随着科技的发展,不法分子作案手段日益隐蔽和多样化,而药品行政监管部门的执法手段有限。通常情况下,行政手段对于约束那些经营场所固定的法人组织较为有效,而难以约束那些没有固定经营场所的个人或组织,对于一些性质较为恶

劣的违法行为如故意弄虚作假、暴力抗法行为、有组织的制售非法药品等也常常无能为力。刑事执法部门拥有先进的侦查手段和银行账户查询、财产冻结、人身控制权等多种执法权,对于打击各种药品安全犯罪行为具有强大的优势。③从违法成本看,一些故意违反药品安全法律规范的行为具有很强的专业性和隐蔽性,违法收益高而被查出的概率极低,一般情况下行政制裁措施对违法者施加的成本不足以有效遏制这些非法行为。而刑事责任不仅具有剥夺人身自由和财产等严厉措施,而且给责任承担者打上一个"罪犯"的终身烙印,严重影响其社会地位、身份、信誉以及就业选择等各项权利,从而对相关责任主体产生强大的威慑作用,使其不敢轻易实施犯罪行为。由此可见,有效发挥刑事责任在药品监管方面的作用,对于保障药品安全具有极其重要的意义。

5) 鼓励诚信守法的激励机制

药品立法的核心目的是保护公众健康,法律责任设置无疑应服从于这一目的。由于药害事件一旦发生,往往造成严重的危害后果,因此监管法律责任的设置目的不应是为了惩罚而惩罚,而是通过合理的制度设计,鼓励药品安全主体诚信守法,积极履行法律义务,最大限度减少药害事件发生。从法条上看,发达国家药品法对于以欺骗或误导为目的、累犯以及一些性质或情节较为恶劣的故意违法行为都明确设置了重罚条款。如美国 FDCA 对上述行为的罚款上限都设置为一般情形违法行为的 10 倍以上;而在 FDCA 第 303 条(c)款中,对相关主体非恶意触犯法律的情形设置了合理的免责条款[114]。同时,美国相关监管法规还鼓励企业主动纠正违法行为。例如,当制造商、经销商发现他们生产销售的药品违反 FDA 监管法律规定时,可以根据 21CFR7 部分 C 子部——召回(包括产品纠正)政策、程序和行业责任指南规定自主召回存在问题的药品,而不会因此受到处罚。德国《药品法》对于故意和过失违反该法的行为采取了区别对待的政策,如该法第 96 条将任何人故意在生产过程非法使用限制过禁止的物质、生产或销售错误标识药品、未经许可生产药品等按照犯罪处刑,而第 97 条对于因过失实施第 96 条中的部分犯罪行为按照行政违法进行处罚。总之,发达国家在药品监管法律责任设置上对故意、欺诈、逃避或拒绝执法检查等恶性违法行为采取重罚的政策,而对于企业因过失违法且积极纠正违法的行为实行宽容的政策,并使这种政策在药品法中予以明确体现,在监管执法中得到顺利实施,有利于加大不诚信行为的违法成本,遏制违法犯罪行为,鼓励企业诚信守法。

4.2   发达国家药品侵权责任的设立及其特点

纵观世界,不少国家都曾发生过严重的药品侵权事件,其中,影响范围最广的"反应停"事件、日本"西斯蒙"病、美国"DES"安胎剂案无不对人类造成了巨大的人身和财产损失[115]。由于药品侵权的特殊性,其法律责任设置关乎公益、消费者权利以及商业利益之间的平衡,德国、美国、日本等发达国家在总结多年的司法审判经验的基础上,结合各自国情制定了较为完善的药品侵权责任制度,通过国家赔偿、企业保险、基金等多种方式对受害人进行救济,在保护受害人合法权益的同时,兼顾对医药产业发展的影响,最大限度地增进公共利益。下面仅就药品缺陷界定、归责原则、因果关系认定、损害赔偿4个方面分析这些国家在药品侵权责任立法方面的特点。

4.2.1   美国药品侵权责任的设立

美国没有药品侵权责任的专门立法,药品安全侵权责任在司法中按照产品责任进行审理,相关立法包括联邦产品责任法、各州产品责任立法及判例以及适用于各州的有关产品责任的规定、判例,也包括对司法实践有着指导作用的有关产品责任的示范法[116]。此外,美国法学会编撰的《侵权法重述第二版》和《侵权法重述第三版》虽不具法律效力,但在司法实践中也具有相当的影响力,各州法院大多引为判决依据。

1) 缺陷的界定

美国《侵权法重述第二版》第402A条规定,缺陷是指产品对消费者、使用者或其财产存在不合理危险性的缺陷状态。这一标准在美国联邦法院和州法院大量司法审批中得到普遍认可[101]。对于符合规制标准的产品是否存在缺陷这一问题,美国大多数州的法院认为,强制标准是行政机关设定的最低标准,但并不构成缺陷存在与否的决定性证据[116]。根据《侵权法重述第三版》对产品缺陷的分类规定,药品缺陷分为制造缺陷、设计缺陷以及使用说明或警示缺陷。制造缺陷是指药品背离设计意图产生的缺陷;设计缺陷是指药品存在可预见的损害风险,能够通过合理的设计加以减少或者避免却没有这样做,导致药品不具有合理的安全性;警示缺陷是指药品存在可预见的损害风险,能够通过提供合理的使用说明或者警示加以减少或者避免却没有这样做,导致药品不具有合理的安全性。其中制造缺陷适用消费者预期标准,设计缺陷和警示缺陷适用风险—效用标准[117]。

2）归责原则

美国很早就注意到药品不同于一般商品的特殊性，为此针对不同类型的药品、不同的缺陷类型设立了不同的归责原则。非处方药在产品侵权领域视为一般产品，在有缺陷致人损害时，适用严格责任[118]。而处方药在安全方面具有区别于一般产品的特殊性，在归责原则上适用于特殊规定。根据《侵权法重述第三版》规定，处方药根据其缺陷类型不同分别适用不同的归责原则，其中制造缺陷适用于严格责任原则，设计缺陷适用于过错推定原则，警示缺陷适用于过错原则[101]。重述第三版之所以对处方药的制造缺陷适用严格责任，乃是因为只有生产者有能力避免制造缺陷，因此严格责任可为生产者在药品安全生产方面提供有效率的激励。对设计缺陷适用过错推定原则，乃是由于设计缺陷以"可预见的"风险和效益为判断标准，被告拥有药品设计方面的较为完备的信息，处于信息优势地位，而原告缺乏药品设计方面的信息，处于信息劣势地位，由原告证明这种可预见的风险和可预见的效益失衡十分困难，由生产者举证自己无过错更加公平。对警示缺陷适用于过错责任原则，乃是由于处方药警示缺陷以可预见的伤害风险与警示的合理性为判断标准，生产者能够预见伤害的风险，且有条件向医疗从业人员或患者提供使用说明或警示来减少伤害的风险却没有提供，则存在过错。

在科技抗辩方面，《侵权法重述第三版》认为要求制造商对当时科技水平下无法认知的风险承担责任，恐将阻碍医药科技的发展，进而导致人类面临新的疾病时束手无策。然而，美国法院通常不支持科技抗辩。由于美国是判例法国家，判例法具有法律规范效力，能够作为法院判案的法律依据，而《侵权法重述》只是对法律原则和法律规范加以重新阐明，虽然具有影响力，但它不具备法律的强制效力。因此，按照判例法的原则，药品责任领域制造商不可主张科技抗辩而免责[118]。

3）因果关系证明

针对药品与损害之间的客观关联性的认定与证明问题，在英美侵权法上提出了必要条件规则（but for test）与实质要素规则（substantial factor test），用于判断药品与损害之间是否存在因果关系。必要条件规则应用于药品侵权因果关系的认定，主要有两种情况：①单个药品致害时，如原告能证明该药品不存在，他将不会受到损害，则该药品与损害之间存在因果关系，此即为单一因果关系中原因唯一时的致害情况；②服用多种药物时，如果原告能证明，若未服用任一药品，则损害不会发生，且单独使用其中任一药品，均不会发生此种损害，那么，其中任一药品与损害之间均有因果关系，此即为单一因果关系中原因现象为多个时的致害情况。实质要素规则是指被告的行为只需是原告损害的实质要素，而不必是唯一、最终或最近的原因。该规则主要适用于有两个或两个以上药品同时致害,且其中任何一个药品都足以致害的情况。此情况中,若其中任一药品不存在,依然会有同样的损害发生,故必要条件规则难以适用[119]。

因果关系证明的基本规则是举证责任在于原告。由于药品致害原因往往复杂多样,原告常会遇到难以举证的情况,诉讼过程中法官可基于公平原则对举证规则做出变通。当原告处于证据劣势而难以就损害发生原因提供足够的证据时,法官会采取举证责任倒置的方法,转由被告证明自己的过错行为不是原告损害结果的原因[120]。

4) 损害赔偿

在美国,因缺陷产品致人损害时,赔偿范围包括物质损害赔偿、精神损害赔偿和惩罚性赔偿[121]。美国《惩罚性损害赔偿标准法》将惩罚性赔偿定义为由于加重情节而对民事诉讼中的一方提起的损害赔偿,以便对被告人进行惩罚和提供额外的威慑,以阻止今后发生类似的行为[122]。根据惩罚性赔偿制度,对于侵权人主观上存在故意或重大的过失药品侵权责任,加害人不仅要补偿受害人的实际损害,而且还要承担数倍于补偿性赔偿的惩罚性赔偿,具体数额主要以被告主观恶意性质和造成的损害的程度为依据。惩罚性损害赔偿产生的巨额惩罚金,不仅大大激发了受害人维权的积极性,而且对潜在的施害人产生强大的惩戒效果,从而达到有效遏制那些带有故意和欺诈性质的侵权行为的目的。美国各州州法通常使惩罚性赔偿与补偿性赔偿保持一种合理的比例关系,一般认为不超过补偿性赔偿的 3 倍为宜[101]。在药品侵权方面典型的案例是"罗非昔布"(中文名称"万络",以下简称"万络事件")事件。"万络"自投放市场后全球严重不良反应事件频发。2001 年,美国得克萨斯州一名患者服用"万络"后心脏病突发猝死,其遗孀将制造商默克公司告上法庭。2005 年,默克公司被法院判决支付高达 2.534 亿美元的赔偿金,其中包括 2.29 亿美元惩罚性损失赔偿[123]。后来随着诉讼者不断增多,默克公司最终于 2007 年宣布支付 48.5 亿美元赔偿金,结束全美近 5 万宗与"万络"有关的集团诉讼[124]。此案不仅使默克制药公司付出了天价的赔偿金,而且对其信誉和产品市场遭受了沉重的打击,公司一度陷入危机之中。由此可见,侵权责任同样能够在遏制药品安全违法行为方面发挥巨大的惩戒作用。施害人如果能够正确衡量其违法成本与收益,就有动力去在有效率的水平上进行安全投资,而不会任由其缺陷药品危害人们生命健康。

4.2.2 德国药品侵权责任的设立

德国是世界上少有的对药品侵权责任进行专门立法的国家。"反应停"事件促

使德国在 1976 年制定了欧洲最早的一部关于药品责任的专门立法——《药物伤害法》,规定制造者对其制造的缺陷药物承担严格责任。但由于严格责任制度给药品制造产业带来了巨大压力,遭到制造商的抵制。为了平衡消费者保护与医药产业发展之间的关系,德国进一步修订了《药物伤害法》,于 1978 年正式实施《药品法》,该法在责任承担上修改为严格责任与赔偿基金并行制度[125]。此后,《药品法》在实施过程中历经多次修订,侵权责任的内容日趋完善,在药品缺陷认定、归责原则、因果关系证明,举证责任的分配、损害赔偿等方面的规定,都充分地体现了以尊重生命和健康权利为核心的立法原则和以最大限度地保障受害人合法权益的立法目的。

1) 缺陷的界定

德国《药品法》第 84 条明确规定:由于药品使用致人死亡,或严重伤害其身体健康,有下列情形之一时,药商就其行销之药品产生的损害对受害人承担赔偿责任;①当按照其预期目的的使用时,该药品具有超出目前医学知识认为可以接受范围内的有害影响,且其原因产生于研发或制造领域;②损害是由于标签、专家信息或使用说明不符合现行医学知识而造成的[108]。据此,药品缺陷在德国《药品法》视为一种不合理的危险,具体可分为:研发缺陷、制造缺陷和指示缺陷。

2) 归责原则

由德国《药品法》第 84 条规定可知,药品因研发缺陷、制造缺陷和指示缺陷致人死亡或身体健康严重损害的,药品生产商一律对受害人负赔偿责任,而不论生产商有无过错。可见,在责任构成要件方面,《药品法》取消了在适用一般侵权责任关于过错要件的举证,只需证明药品存在缺陷、损害和因果关系 3 个要件成立,即可获赔,这说明缺陷药品侵权适用于严格责任原则。对于发展风险,德国《药品法》规定,受害人只有在滥用药品导致损害时,生产商才能以其《民法典》第 254 条主张抗辩,而不能就发展风险主张免责[9]。

3) 因果关系证明

尽管 2002 年以前,《药品法》规定制造商对缺陷药品承担严格责任,但受害人需要提供证据以证明其所受侵害与其所用药品之间存在因果关系。但在大多数情况下,药品制造者掌握着药品从研究到制造各种安全信息,而受害人却很难获取这些信息资料,故在诉讼中受害人往往难以证明所用药品与损害之间的因果关系而处于弱势地位。为了改善受害人的法律地位,加强对受害人的保护,2002 年修订的《药品法》确立了有限的因果关系推定原则:如果在个案情况下使用某种药品能够造成损害,则推定损害是由该药品引起的;但是,如果根据与个案有关的情况,另一个事实能够造成损害,则该推定不适用[108]。此外,2002 年修订后的《药品法》还对药品侵权责任做出了两项重大变动:一是实行举证责任倒置;二是规定受害人对制药企业和政府机关享有知情权。2002 年以前,受害者必须证明损害作用的原因处于药品的开发和生产范围内,这对受害人来说是很难做到的。而依据修订后的《药品法》第 84 条第 3 款,药品生产者要想免除赔偿责任必须证明该损害原因不是由于药品开发和生产所致[126]。与此同时,修订后的《药品法》第 84 条第 1 款规定,如果事实证明药品已经产生损害,则受害人可以要求生产商和药品监管机构披露全部或部分关于药品疗效方面的信息,除非该信息依法必须保密或者是为了保护药品生产商和第三人的既有权利,否则,药品生产商和有关管理机关必须披露相关信息[127]。

4) 损害赔偿

为了保证受害者能够切实得到赔偿,且使制药产业免受严格责任原则带来的发展风险,德国在药品损害赔偿方面实行最高赔偿限额制度和损害赔偿基金制度。关于赔偿金额,根据德国《药品法》第 88 条之规定,因药品致人死亡或者身体健康严重损害的,每一受害人一次性给付的上限是 60 万欧元,每年给付不超过 3.6 万欧元;同一药品致使多数人受害的,一次性给付的上限为 1.2 亿欧元,每年给付不超过 720 万欧元[108]。为了使赔偿金能够履行到位,《药品法》第 94 条规定,药商必须按第 88 条第 1 款规定的数额对其药品可能引起的损害提供担保,且只能通过以下方式:①与在本法案范围内有权开展业务的独立保险公司签订第三方保险;②国内信贷机构、欧盟其他成员国之一或《欧洲经济区协定》的另一缔约国的信贷机构签发的豁免或担保义务[108]。

4.2.3 日本药品侵权责任的设立

日本在 20 世纪 60～70 年代先后出现了 5 起严重的药品害事件。日本法院依据《日本民法典》的规定将上述事件定性为过失侵权,但遵照当时的法律规定不足以认定制造者存在过失,因此被迫通过法律技术手段,采用通过扩大预见对象,实行举证责任倒置的方式,追究了药品制造者的损害赔偿责任[128]。为了保证受害人能够获得及时、合理的赔偿,1979 年日本制定了《医药品副作用的救济基金法》,1993 年修订为《医药品副作用的被害救济——研究振兴调查机构法》。依该法规定,即使在制药公司没有过失或尚未认定侵权责任的场合下,也要向因药品不良反应受到损害的消费者支付各种补偿金,使消费者免于烦琐的诉讼就可以迅速获得救济。救济金来源于制药商向医药品医疗综合机构缴纳药害救济基金,日本政府

也对该机构补助一定事务经费[129]。由于《日本民法典》所确立的过失责任原则不利于保护消费者权益,日本 1994 年制定了《制造物责任法》,该法明确规定制造业者对其缺陷产品侵权承担严格责任。同时为避免产品制造业者承担责任过重,阻碍制造业发展,该法允许制造业者就发展风险申请免责[116],即在药品侵权诉讼中,当药品在出厂时的科学技术水准尚无法认知其缺陷时,制造业者可以该法第 4 条规定提出发展风险抗辩。

1) 缺陷的界定

《制造物责任法》第 2 条第 2 款规定,缺陷是指考虑该制造物的特性、其通常预见的使用形态、其制造业者等交付该制造物时其他与该制造物有关的事项,该制造物欠缺通常应有的安全性[130]。由于日本相关法律未对药品缺陷做出特别规定,故药品缺陷同样适用于这一定义。缺陷的类型包括制造缺陷、设计缺陷、指示或警告缺陷[131]。

2) 归责原则

由于药品内在的危险性,日本法院在判决中普遍认为药品制造业者应负"高度确保安全义务"[132],为加强消费者保护,立法上对缺陷药品的归责逐步由过失责任原则转向严格责任原则。《制造物责任法》第 3 条规定,"制造业者等,当其制造、加工、输入制造物,或为本法第 2 条第 3 款第 2 项及第 3 项规定的姓名等表示的制造物,于交付后因缺陷侵害他人生命、身体或财产时,对因此产生的损害负赔偿责任"[130]。即无论是自产自销,还是代工代销,只要该产品投入市场后存在缺陷且对他人生命、健康或财产产生损害,制造者都要负责赔偿。由此可见,日本对缺陷药品采用的是严格责任原则。但这一原则并非绝对,在药品侵权事件中,制造业者可依据《制造物责任法》第 4 条规定的免责事由提出抗辩,抗辩成立则免除制造者责任。

3) 因果关系证明

根据《日本民法典》规定,在药品侵权诉讼中,因果关系的举证责任一般由原告承担,但要证明受害者生命、健康遭受的损害与药品之间的因果关系通常需要复杂的医学知识或其他领域的专业知识,由原告负责举证将使其在诉讼中处于十分不利的地位。为此,对于个别侵权事件来说,法院一般采取从案件的事实形成过程来推定其是否符合侵权行为的法律构成要件[132],即采用因果关系推定原则。由于在环境污染、食品、药品等公害事件中,欲认定某种因素是否为致病的根源,须经严格的病理学证明,导致此类因果关系的认定极为困难。基于此,日本司法界提出了疫学因果关系理论用于公害事件中因果关系的证明。只要某原因与疾病发生有合理之盖然性存在,即使不能从科学上严格证明,也应认定因果关系存在[20]。运用疫学因果关系理论对损害与药品缺陷之间因果关系判断是一种盖然性的认定,显著减轻了受害人的举证负担。但疫学因果关系理论对于解释多数人中出现的普遍现象较有说服力,若缺陷药品致害属于个别现象,则不可以群体统计数据断定损害与药品缺陷有关[119]。

4) 损害赔偿

在日本寻求药品致害救济途径有两个:一是申请药害救济金;二是提起民事诉讼。

一般而言,知道药害救济制度的受害人一定会先申请药害救济金,或将药害救济申请与民事诉讼同时提起。按日本的《医药品副作用被害救济·研究振兴调查机构法》规定,救济对象应符合下列条件:药品受害者不易确认民事责任的情况、正当使用合法药物而发生不良反应导致使用者健康受损的情况,健康受损程度必须达到需住院治疗的程度,包括残障所致严重影响日常生活者及死亡者[129]。

民事诉讼途径根据药害事件的性质可以申请企业赔偿,也可同时要求国家承担赔偿责任。对于企业责任,具体可依据《制造物责任法》和《日本民法典》相关条款对身体损害和精神损害申请赔偿[133]。

4.2.4　发达国家药品侵权责任的特点

美国、德国、日本三国药品安全侵权责任设立情况如表4-5所示。

表4-5　发达国家药品侵权责任

相关规定	美国	德国	日本
药品缺陷界定	药品对消费者、使用者或其财产存在不合理危险性的缺陷状态	药品具有不合理的危险	欠缺通常应有的安全性
归责原则	制造缺陷适用于严格责任原则,设计缺陷适用于过错推定原则,警示缺陷适用于过错原则,一般不允许发展风险抗辩	严格责任原则,不允许发展风险抗辩。	严格责任原则,允许发展风险抗辩
因果关系证明	① 必要条件规则与实质要素规则 ② 因果关系证明的基本规则是举证责任在于原告,但当原告处于证据劣势,可采取举证责任倒置	① 有限的因果关系推定原则 ② 举证责任倒置 ③ 受害人对制药企业和政府机关享有知情权	① 个别事件采用因果关系推定原则,公害事件则运用疫学因果关系理论证明 ② 举证责任在原告

（续表）

相关规定	美国	德国	日本
损害赔偿	赔偿范围包括物质损害赔偿、精神损害赔偿和惩罚性赔偿。	实行最高赔偿限额制度和损害赔偿基金制度	申请药害救济金或者提起民事诉讼

从美国、德国、日本三国药品安全侵权责任设立情况看,三国具有如下特点。

1) 药品侵权责任制度以消费者权利保护为核心目的

从上述国家的药品责任制度发展过程看,历史上药害事件的惨痛教训使这些国家立法者逐渐认识到:一方面,药品是一种与人类生命健康息息相关的危险产品,缺陷药品一旦投入市场,便有可能产生危及社会的公害事件,企业在药品安全等方面理应尽到高度谨慎之义务,而国家则应尽到适当规制之义务;否则,企业应对其缺陷产品导致的损害承担赔偿责任,甚至国家也应当承担规制不当的赔偿责任。另一方面,在药品侵权事件中,施害人往往是拥有雄厚资金、专业知识的企业,而消费者则是势单力薄的个人消费者,受害人在侵权诉讼中常常处于非常不利的地位,根本无法与强大的企业相抗衡,因此,药品责任立法以最大限度保护消费者身体不受伤害为核心目的,在缺陷认定、因果关系证明、归责原则、损害赔偿等方面通过合理的制度设计,为消费者的维权提供最大的便利条件,使其权益得到切实的保障。

2) 药品缺陷以存在不合理危险为界定标准

从产品责任形成的基本逻辑来看,缺陷导致损害,损害导致责任。因此,缺陷是确定产品侵权责任的要件,无缺陷即无责任。虽然发达国家相关法律对药品缺陷的定义表述形式各异,但均含有对消费者具有不合理的危险之意,而不以法定标准作为缺陷认定的决定性证据。这种定义的合理性在于:①药品本身是一种不可避免的不安全产品,企业在药品安全上理应尽到高度谨慎之义务,通过有效的措施来降低产品危险。然而企业不能无限制地进行安全投入以消除一切危险,那些无法以合理的成本来有效消除的危险应属合理危险,当然不属于产品缺陷。但是,如果企业能够以适当的成本降低药品危险却没有这么做,由此产生的危险即为不合理的危险,产品所具有的这种不合理危险即为缺陷。以不合理危险作为缺陷标准,要求企业对产品不合理危险导致的伤害负责,而受害者承担合理危险导致的伤害,这就为事故双方责任划定了合理的界限,从而防止对生产者的过度苛责,阻碍医药产业发展。②法定标准是药品安全规制的最低标准,而不是药品安全的唯一标准,因为药理作用具有复杂性、长期性和潜伏性的特点,有限的质量指标难以保证药品的安全性。企业不应仅仅恪守法定标准,而应主动加强药品上市前后的安全研究和上市后的安全监测,不断改进产品质量,主动召回具有潜在危险性的产品,以及采取其他一切必要的措施防止药害事件发生。历史上发生的药害事件表明,遵守了法定标准的药品仍然可能存在不合理的危险,以法定标准作为缺陷判定的依据,将会使企业逃避应有的责任,降低其安全防范的动力,不利于保护消费者合法权益。综上所述,药品缺陷应以不合理危险而非法定质量标准作为判断标准,科学界定药品缺陷对于有效激励企业加强药品安全防范措施和消费者保护都具有重要的作用。

3) 兼顾公平与效率的损害救济机制

综观德、美、日三国药品侵权责任立法宗旨,无不体现了效率与公平这两大社会目标的有机结合。效率目标要求责任设置能够为责任主体的预防水平和行为水平提供最优的激励,又能避免企业预防过度导致药品供给和创新动力不足;而公平目标则要求以社会正义、公平的观念来处理当事人之间的纠纷,平衡各方的利益。正确处理效率与公平之间的关系,有利于调和消费者保护和医药产业发展之间的矛盾,任何偏执一端的做法都不利于经济、社会的发展。为了实现效率与公平这两大社会目标,调和消费者保护和医药产业发展之间的矛盾,三国在药品责任立法方面采取了不同的做法。德国采用严格责任原则且不能就发展风险提出免责以激励企业采取最有效的预防措施减少事故发生,兼采用因果关系推定原则、举证责任倒置、规定受害人对企业和政府机关享有知情权等措施以最大限度保护消费者权益;同时,考虑到严格责任原则对医药产业发展的不利影响,德国实行赔偿基金制度和最高赔偿限额制度,并严格限制药品侵权的赔偿范围以缓解企业责任压力,降低企业产品风险。美国针对药品侵权的特殊性以及各种归责原则的优势与不足,对不同类型的处方药缺陷适用不同的归责原则,有效克服了单一归责原则在法律适用中的失灵现象;当原告处于证据劣势时,采取举证责任倒置的方法免除原告就被告是否有过错的举证负担;对于那些主观上存在故意或重大过失的恶性侵权行为,则通过惩罚性赔偿制度予以弥补补偿制度对消费者保护的不足。日本《制造物责任法》在适用严格责任的同时允许企业提出发展风险抗辩,以平衡消费者保护和医药产业发展之间的关系;将疫学因果关系理论用于公害事件中因果关系证明以减轻受害人的举证负担;通过建立药害救济基金制度以弥补侵权法在药品不良反应方面对消费者保护的不足。综上,德、美、日三国结合本国国情,在药品责任领域通过合理的制度设计,在为生产者和消费者提供最优安全激励同时,又最大限度地保护

处于弱势地位的消费者权益,实现了效率和公正的有机统一。

4.3 小结

通过对以美国、德国、日本为代表的发达国家药品安全法律责任体系进行研究,总结出发达国家药品安全监管法律责任的特点如下:①对于违法药品分类清晰,责任划分合理;②灵活而严厉的行政制裁措施,责任落实到人;③注重发挥刑事责任在药品安全监管中的作用;④鼓励诚信守法的激励机制。发达国家药品安全侵权责任的特点是:①以消费者权益保护为核心目的;②药品缺陷以存在不合理缺陷为界定标准;③兼顾公平与效率的损害救济机制。

行政、刑事和侵权责任是三种不同性质的责任,在维护公众健康权益方面具有各自不同的优势与不足。发达国家在维护药品安全立法方面,通过不断完善药品行政、刑事和侵权责任立法,构建了多层次法律责任体系,通过充分发挥各种责任的优势和协同作用,从多个方位对违法犯罪主体予以约束和惩罚,从而有利于实现保护公众健康的立法目的。

5 完善我国药品安全相关法律责任体系的建议

药品安全责任体系是一个由行政责任、刑事责任和侵权责任构成综合体系,药品安全行政责任主要是一种事前和事中管制措施,核心目的是控制药品安全风险,防止安全事件发生和扩大。药品安全刑事责任主要是一种事后惩罚措施,其目的是通过严厉的惩罚威慑对社会具有严重危害性的行为。药品安全侵权责任主要是一种事后救济措施,其主要目的是保护民事主体的合法权益。

5.1 基本思路

在药品安全法律责任体系中,行政责任在保护公众用药安全方面居于基础地位,刑事责任通常基于行政责任而产生,在行政责任和刑事责任的基础上有可能进一步产生侵权责任;这三种责任具有不同的性质、功能、优势与不足,维护公众用药安全需要有效发挥三者合力。通过前面对国内外药品安全相关责任体系的理论与案例分析发现,在我国当前制度环境下,药品安全相关法律责任体系不完善是造成药品安全问题的根源之一。我国应结合我国国情,充分借鉴发达国家药品安全法律责任体系建设经验,进一步完善药品安全行政责任和侵权责任,强化刑事责任,充分发挥三者合力,增强法律对责任主体的约束力和威慑力,在药品安全领域建立鼓励诚信守法的制度环境,促使医药产业进入良性发展的轨道。基本思路如图 5 - 1 所示。

问题 (中国)	借鉴 (发达国家)	建议 (中国)
行政责任 ① 假劣药品责任划分不合理 ② 对违法行为惩罚力度不足 ③ 未落实关键责任人责任 ④ 激励机制不够合理	监管法律责任 ① 对于违法药品分类清晰，责任划分合理 ② 灵活而严厉的行政制裁措施 ③ 责任落实到人 ④ 注重发挥刑事责任在药品安全监管中的作用 ⑤ 鼓励诚信守法的激励机制	完善行政责任 ① 调整《药品管理法》中违法药品分类及其责任设置 ② 提高违法成本 ③ 落实关键责任人责任 ④ 建立"重罚恶意违法，鼓励诚信守法"的激励机制
刑事责任 ① 刑事责任在药品安全中的作用发挥不足 ② 刑法对药品安全刑事责任的规定不完善 ③ 行刑衔接机制有待进一步完善	侵权责任 ① 侵权责任制度以消费者权利保护为核心目的 ② 药品缺陷以存在不合理危险为界定标准 ③ 兼顾公平与效率的损害救济机制	强化刑事责任 ① 重构药品安全刑事责任体系 ② 完善行刑衔接机制
侵权责任 ① 药品缺陷界定标准不合理 ② 损害赔偿制度对消费者的保护力度不足		完善侵权责任 ① 进一步完善药品缺陷的定义、分类及判断标准 ② 推进药品安全责任强制保险制度 ③ 完善药品安全惩罚性赔偿制度

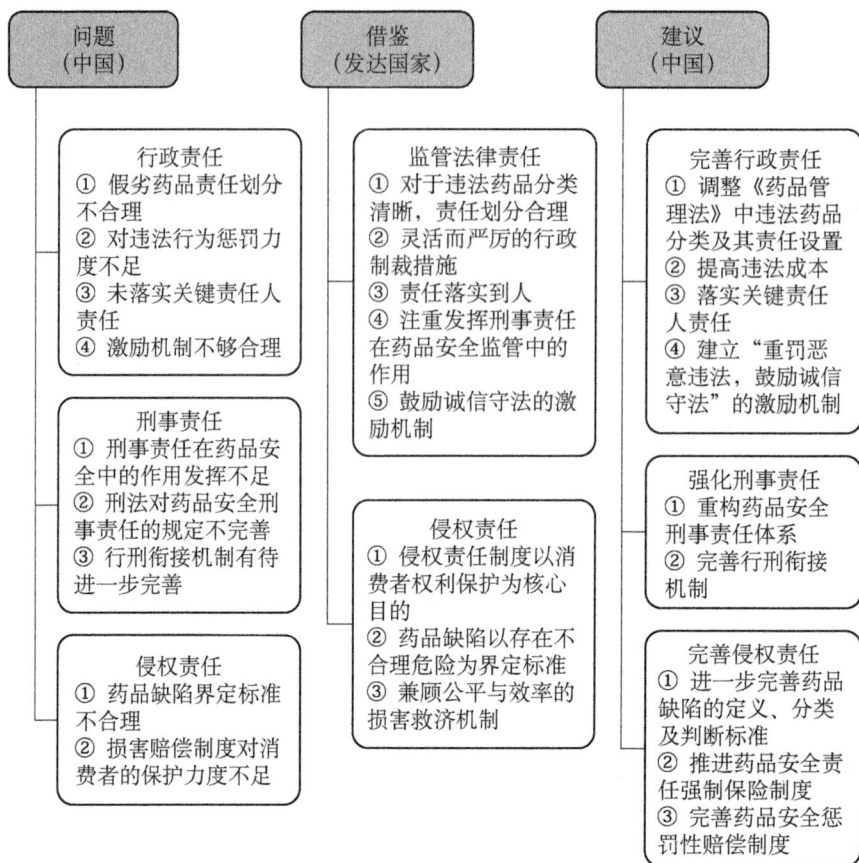

图 5-1　完善我国药品安全相关法律责任体系的基本思路

5.2　具体建议

5.2.1　进一步完善药品安全行政责任

1) 调整《药品管理法》中违法药品分类及其责任设置

我国《药品管理法》对假药和劣药的划分边界不清晰，将假药和劣药作为评判危害大小和责任轻重的做法，在执法活动中容易产生混乱和争议，降低了执法效率并导致处罚不公。为了提高执法效率和公正性，我国应借鉴发达国家对于违法药品的分类方法，结合我国立法习惯，根据违法药品的性质对其进行明确的定位和分类，在此基础上合理划分各类违法药品责任。具体而言，建议将违法药品划分为假药、劣药和错误标识药三个类型。

假药具体包括下列情形：

① 以非药品冒充药品或者以他种药品冒充此种药品的；

② 依照本法必须批准而未经批准生产、进口即销售或使用的；

劣药是指依照本法批准生产、进口的药品，但具有下列缺陷的情形之一的：

① 药品质量任何项目不符合法定药品标准的；

② 擅自改变关键生产工艺的；

③ 药品被污染的；

④ 超过有效期的；

⑤ 依照本法必须检验而未经检验或者未按照法定标准检验即销售的；

⑥ 直接接触药品的包装材料和容器未经批准或不符合法定标准的。

错误标识药品是指依照本法批准生产、进口的药品，其标识存在下列情形之一的：

① 设计形式、内容不符合法定要求；

② 信息披露不当，容易引起误解，或者按照标识信息使用可能危害健康的。

上述法定药品标准是指国家标准、省、自治区、直辖市人民政府药品监督管理部门制定的炮制规范和医疗机构制剂标准。

假药的定位是药品为依法获得上市许可，而不管其是否符合法定标准；劣药的定位是产品存在质量缺陷和生产的关键过程不合法，不符合法定标准是判定劣药的充分条件，但不是必要条件；错误标识药的定位是说明和警示的违法。在现实中这3类药品无法以分类确定危害和责任大小，故在处罚幅度上不应有明显的差异，但应依据违法行为的性质、情节、危害的范围和程度等因素制定相应的处罚裁量规则，尽可能使处罚公平合理。对于因过失造成的错误标识药品，应允许企业主动召回，改正错误标识重新销售，违法行为轻微并及时纠正，没有造成危害后果的，不予行政处罚。

2）提高违法成本

当前，我国监管部门对一些非法行为如数据造假、擅自改变生产工艺、不按规定销售处方药品等，常通过警告、罚款等形式进行处罚，但这些违法行为仍屡禁不

止。究其根源,主要在于这些常规行政处罚手段的惩罚力度不大,违法成本不高,尚未对违法主体形成有效的约束。为此建议在法律责任设置方面采取如下措施。

(1) 灵活运用多种手段强化对违法行为的惩罚力度。根据经济学原理,当违法成本提高时,市场主体的违法行为便会减少。2015 年,新《广告法》实施以来在药品违法广告方面取得的显著成效充分证明了这一点。针对违法成本不高的问题,建议全面修订药品上市许可、生产、销售、使用、广告、上市后安全监测、召回等环节的相关法律规定,重新衡量这些相关违法成本与收益,适当加大那些有效遏制那些性质恶劣、危害严重的违法行为处罚力度。与此同时,我国还应充分借鉴发达国家药品监管经验,在加大常规行政处罚力度的同时,充分利用公开警告信、拒绝或中止行政许可、销售禁令、从业禁令等行政制裁措施,从市场声誉、行政许可、从业资格等多个方面对违法主体进行制裁,提高违法主体的违法成本,从而达到增强监管效果的目的。近年来,CFDA 实施的公开飞行检查结果,不予批准注册申请,收回或者撤销相关资格认证证书,暂停药品生产、销售、使用等制裁措施,多方位提高了法律对违法行为的惩戒力度,在整治药品安全违法行为方面收到了良好的成效,其经验值得全国各地借鉴。

(2) 进一步完善资格罚制度。相比美国而言,我国当前关于药品安全资格罚制度过于简单、粗放、适用范围狭窄,而且制度不完整,缺少执行程序、信息公开、保障措施以及资格罚的终止等基本要素,导致其效果非常有限。建议借鉴美国关于从业禁令的立法经验,在《药品管理法》中将资格罚的责任主体范围扩大到机构,将处罚范围扩大到药品上市许可领域,并通过法规或规章的形式对于相关执法主体、责任主体、处罚范围、处罚幅度、自由裁量、信息公开、终止、违反资格罚的制裁措施等内容做出详细的规定,以保证资格罚制度得以有效落实,充分发挥其在药品安全监管中的作用。

3) 落实关键责任人责任

个人是组织行为的基础,只有让组织中的管理者或具体行为人承担相应的违法成本,才能通过影响个人行为从而改变组织行为。因此,要使法律发挥应有的惩戒作用,必须将责任落实到对实施违法行为具有关键作用的人员。长期以来,由于我国药品行政法律法规在一些环节上对关键责任人责任规定的不足,导致执法过程中对一些违法行为很少处罚到个人,削弱了法律责任的惩罚功能。2018 年,食品药品监管总局、公安部联合制定了《关于加大食品药品安全执法力度严格落实食品药品违法行为处罚到人的规定》,对"处罚到人"的人员范围、禁业限制的情形、部门衔接、信息公开等,进行了进一步明确和细化,表明了国家对于"处罚到人"的政策支持,但从具体的法律制度看,将这一政策落到实处仍需对相关法律规范做出较大的改进。为此,我国应借鉴刑法中双罚制的原则规定以及发达国家对药品法律责任主体设计的经验,在行政法中建立双罚制,合理设置单位违法中的关键责任人责任,阻断个人通过单位实施违法行为获利的可能性,进一步落实药品安全主体责任。

在药品安全行政违法领域建立双罚制,主要是基于安全监管的需要,在制度设计上既要保证具有可操作性和实施效果,又要防止设计不当导致被滥用的危险。为此有以下几个关键内容值得关注。

(1) 处罚原则。公平、合理的处罚原则可以得到监管者和被监管者的心理认同,有利于法律的执行;否则,法律在实践中将不会得到有效执行。因此,对于个人的处罚应基于公平、合理的原则,充分考虑个人在违法过程中的作用大小、违法性质、情节和危害后果等因素,尽可能使每个人的处罚公平合理。

(2) 适用对象。药品监管总局、公安部《关于加大食品药品安全执法力度严格落实食品药品违法行为处罚到人的规定》将处罚对象确定为单位直接负责的主管人员和其他直接责任人员,并对相关人员的范围进行了界定。笔者认为这一规定是合理的,建议在立法上予以采纳。

(3) 适用范围。即双罚制在药品上市申请、生产、经营、使用、广告、上市后安全监测、产品召回等各个环节的适用问题。由于双罚制的目的主要是通过遏制个人违法动机防止单位违法,故本文认为双罚制在药品安全各个环节均可适用。

(4) 适用情形。目前,我国药品安全相关法律和文件并没有明确何种情形适用行政双罚制,因此在相关立法上应予以明确。本文建议将行政双罚制的适用情形限定为故意和重大过失违法,理由如下:①在单位故意实施违法的情形中,个人多是利用法律漏洞达到获取个人利益的目的,如不对其惩处显然是不合理的;②在单位一般过失违法的情形中,个人不具有违法动机,对其处罚对于遏制违法行为来说意义不大。但对于单位重大过失违法的情形中,往往存在相关主管人员或直接责任人员严重的不作为、不负责或者放纵危害发生的明显事实,这种行为实质上等同于故意违法,如不对相关人员进行惩处,不利于加强药品安全风险防范。

(5) 处罚形式及罚款设计。处罚形式可以借鉴发达国家经验,对个人处以各种形式的资格罚或财产罚。在财产罚方面,为了消除个人利用单位违法获取个人利益的空间,建议没收个人在违法期间自本单位所获收入外,并根据违法情节处以违法收入相应倍数的罚款。由于责任人在单位中的职务越高,收入越高,在违法中的作用往往越大。因此,以个人违法收入作为财产罚的基准具有明显的合理性。

4）建立"重罚恶性违法，鼓励诚信守法"的激励机制

我国药品管理相关法律一些关于从重以及免责情形的规定不利于激励责任主体诚信守法，为此有必要从激励的角度全面审视现有法律体系中责任设置的不合理之处，对我国药品安全行政法律责任做出相应调整。

（1）加大对那些恶性违法行为的处罚力度。药品研发、生产、经营、使用可以允许偶然的、轻微的偏离法律规范，但绝不能容忍故意的、有组织的、系统化的违法行为。对于监管中那些恶性违法行为，如：行政许可中的欺诈行为；生产、经营过程的造假行为；药品安全监测中的造假行为和不积极履行召回义务等行为，应在法律责任设置上进一步加大处罚力度，而不必以造成严重后果作为加重处罚的事由。对于《实施条例》七十三条第（五）、（六）项规定中的重犯，拒绝、逃避监督检查，或者伪造、销毁、隐匿有关证据材料的，或者擅自动用查封、扣押物品的等行为在监管实践中性质非常恶劣，如不施以重罚很难起到明显的震慑效果，但按照我国现有法律规定从重处罚与一般处罚差别不大，而美国 FDCA 对于再犯者的罚金上限为一般情形的 10 倍，对于拒绝、逃避监督检查，或者伪造、销毁、隐匿有关证据材料的都采取严厉的处罚[114]。因此，对那些恶意违法行为，理应进一步加大处罚力度。建议将《实施条例》七十三条第（五）、（六）项定与其他项分开，增加一条规定：

第××条违反《药品管理法》和本条例的规定，有下列行为之一的，由药品监督管理部门按照《药品管理法》和本条例规定的情节严重情形进行处罚：

（一）生产、销售、使用假药、劣药，经处理后重犯的；

（二）拒绝、逃避监督检查，或者伪造、销毁、隐匿有关证据材料的，或者擅自动用查封、扣押物品的。

同时对《药品和医疗器械行政处罚裁量适用规则》相关条款做出相应调整。

（2）进一步完善免责规定。药品行业应建立容错机制，鼓励企业自主完善质量管理体系，主动纠正过失行为，积极承担起风险控制的主体责任，并采取与监管机构合作方式承担起法律义务和责任[1]，这一理念应在立法上予以体现。建议修订我国《药品管理法》及相关法规、规章，在责任设置上以鼓励企业诚信守法为目的对免责情形做出合理的规定。具体来说，建议在相关法律规范中做出如下免责规定。

（一）任何组织或机构发现员工违法行为后主动上报，并有充分证据证明

违法纯属个人行为的,应对该组织或机构免于处罚;

(二)将《实施条例》七十五条修订为:药品经营企业、医疗机构采购渠道合法,验收、储存条件符合规定,并有充分证据证明其不知道所销售或者使用的药品是假药、劣药的,应当没收其销售或者使用的假药、劣药和违法所得;但应免除其他行政处罚。

(三)药品生产企业因使用非法原料、辅料导致其生产的药品成为假药、劣药时,没收其销售或者使用的假药、劣药和违法所得;但如果其依法履行了对原料、辅料的采购、验收、检验义务,并有充分证据证明其不知道所生产的药品是假药、劣药的,应免除其他行政处罚。

5.2.2 强化药品安全刑事责任

药品安全监管过程中常见一些违法行为如故意弄虚作假、暴力抗法行为、有组织的制售非法药品、没有固定经营场所的个人或组织违法制售假劣药品、各种隐蔽的非法网络药品广告等危害十分严重,但由于行政处罚严厉性不足及行政执法手段的局限性,导致此类违法行为屡禁不止,不仅严重威胁人民群众身体健康和生命安全,而且影响了药品监管权威和医药产业的健康发展。而《刑法》具有严厉的惩罚措施以及刑事执法部门拥有先进的侦查手段和银行账户查询、财产冻结、现场保护、人身控制权等多种执法权,对于打击此类违法行为具有强大的优势。因此,运用刑罚对那些性质恶劣、危害严重的违法行为进行制裁具有正当性和必要性。近年来,最高人民法院、最高人民检察院颁布的相关刑事司法解释以严刑峻法回应药品安全治理和社会大众的需求,凸显了司法机关积极为人民生命健康安全保驾护航的司法理念。但就目前而言,刑事责任在打击药品安全犯罪方面尚有不足之处,需要一系列立法修订和配套政策的完善。

1) 重构药品安全刑事责任体系

(1) 重新调整药品安全犯罪在《刑法》中的归类。我国《刑法》将药品安全犯罪归类于破坏社会主义市场经济秩序罪中,混淆了药品安全犯罪的性质,弱化了对药品犯罪的打击力度,因此建议在《刑法》中设立药品安全罪,并将其归入危害公共安全罪,提高《刑法》对药品安全的保护力度。

(2) 基于监管需要重新设计药品安全相关刑事责任。药品安全管理是一个复杂的过程,刑事责任必须与药品安全管理各个环节紧密结合,方能有效打击药品安全犯罪行为。美国、德国、日本等发达国家在药品法中专门设立了药品安全相关的

刑事责任,使刑事责任与药品安全管理的各个环节紧密结合,责任设计具有系统而清晰的特点,充分体现了药品监管的实际需要。与此相反,我国在药品安全刑事立法上立足于对现有刑法的补充和解释,在责任设计上未能充分考虑药品安全的特点,且刑法与行政法相关法条之间缺乏衔接。为此,建议我国借鉴发达国家刑事责任设计经验,紧密结合药品安全行政法律规范,进一步修订《刑法》,重新设立有关药品上市许可、生产、销售、使用、广告等各个环节的刑事责任,使药品安全刑事责任设立更具针对性、明确性和系统性,并在立法上实现行刑衔接,从而有利于提高打击药品安全犯罪的效率和力度,充分发挥刑事责任在药品安全监管中的作用。

2) 完善行刑衔接机制

构建顺畅的药品行政执法与刑事司法衔接机制,有助于提高刑事执法的效率和对犯罪行为的惩罚概率,从而增强刑事责任的威慑效果,有效遏制药品安全领域的违法犯罪活动。针对当前法律执行层面存在的问题,建议采取如下措施以加强行刑衔接工作:①加强对行刑衔接工作的考核。进一步完善对地方监管机关和公安机关的绩效考核标准,使行刑衔接工作成果与部门绩效挂钩,增强相关部门协作办案的积极性。②建立完善的部门协作机制。各级地方政府可以尝试建立行刑衔接工作领导小组,根据《食品药品行政执法与刑事司法衔接工作办法》要求,建立健全联席会议制度、线索通报制度、办案协作制度、信息共享制度,促进药品监管、公安、法院、检察院之间的沟通和互动,充分发挥各自优势,互相提供案件查办支持,形成高效的案件移送、联合办案机制,确保刑事案件的移送、立案、追诉等各项工作顺利进行。③加强检测能力建设。根据案件查处的需要,由公安部门指导各地及时建立具有相应资质的检测机构,并公布这些机构名单、项目,进一步规范和畅通鉴定检测绿色通道。④加强行刑衔接工作监督和问责力度。首先应在立法上对行刑衔接工作的责任追究办法做出明确规定,确保对行刑衔接工作监督有法可依;然后由检察机关加强对药品安全相关部门执法工作的监督检查,对打击药品犯罪过程中有案不移、有案不立等失职渎职行为,依法追究相关单位和个人的责任。

5.2.3　进一步完善药品安全侵权责任

鉴于药品侵权责任的特殊性和复杂性,欧美等一些国家法律对有关药品侵权责任的缺陷定义及判定标准、归责原则、举证责任、损害救济等做出了合理的规定,以平衡消费者保护与产业发展的关系。针对我国侵权责任法对药品消费者保护不力的现状,国内有学者呼吁借鉴德国经验制定专门的《药品责任法》,试图通过对药品侵权责任单独立法来解决目前药品侵权责任面临的困境。笔者认为此举并不可行,因为在我国法律体系中公法、私法界限分明,制定一部同时具有公法和私法性质的《药品责任法》,在我国立法上难以行得通。也有学者提出通过完善现有法律的手段来解决问题,比如通过出台司法解释来解决法律适用问题。但司法解释只是对现有法律的补充说明,不能突破原有法律规定,如缺陷定义,而且通过司法解释将使现有药品侵权法律体系更加分散,不利于司法实践。通过对我国药品侵权责任的制度分析,笔者认为我国药品侵权责任的主要问题是产品责任立法缺乏系统性且未能充分考虑药品的特殊性,不利于保护消费者合法权利。为此,建议在我国民法框架下,进一步整合《侵权责任法》《产品质量法》《消费者权益保护法》等相关法律中关于产品责任的规定,在《侵权责任法》中对产品责任的责任主体、缺陷定义、归责原则、责任方式、举证规则、责任免除与减轻等内容做出统一、合理的规定,并对药品侵权责任方面的一些特殊性问题单独做出规定。基于药品侵权责任现有的问题,建议在《侵权责任法》和《药品管理法》中进一步完善下列内容。

1) 进一步完善产品缺陷定义、分类及判断标准

鉴于药品是一种兼具风险和收益的特殊产品,药品缺陷的界定应基于消费者保护和产业利益相平衡的原则。从国外药品侵权责任立法经验看,对药品缺陷进行合理界定、分类并明确各种类型缺陷的判定标准,有利于在司法中准确判断药品缺陷,根据不同类型分配举证责任并适用不同的归责原则,有利于激励施害人采取有效率的预防措施,保护消费者合法权益。相比而言,我国《产品质量法》中规定的产品缺陷界定标准不合理,不利于保护受害人的合法权益,故建议取消《产品质量法》第四十六条中关于缺陷的有关规定。同时借鉴国外对产品缺陷的规定,统一在《侵权责任法》中规定为"本法所称缺陷,是指产品存在危及人身、他人财产安全的不合理的危险"。在此基础上参考美国侵权法对产品缺陷的分类方法,将药品缺陷划分为制造缺陷、设计缺陷和警示缺陷,并进一步明确各类缺陷的判断标准、归责原则和举证规则。

2) 推进药品安全责任强制保险制度

基于药品侵权责任的特殊性以及强化消费者保护的需要,德国、日本对药品损害赔偿实行强制保险制度或者药害救济基金制度,一方面可保证消费者能够得到及时、合理的救济,另一方面也强化了企业维护药品安全的义务和责任。目前,我国保险市场已经非常发达,已经具备在药品领域推进责任保险的条件,建议我国借鉴德国、日本等国药害救济基金制度相关经验,进一步修订《药品管理法》,通过立法的形式在药品安全领域推行强制责任保险制度,由药品上市许可人购买产品责任保险。考虑到我国药品生产企业众多以及实践经验不足的现状,可先行在高风

险药品当中试点,通过试点不断完善药品强制责任保险制度,等待时机成熟后再将药品强制责任保险范围逐步扩大到其他药品。

3) 完善药品安全惩罚性赔偿制度

一是要适当放宽惩罚性赔偿的适用条件。惩罚性赔偿制度的目的是通过惩罚恶性侵权行为加强对消费者的保护。在美国产品责任领域,只要构成恶性侵权行为,不管造成何种损害,受害人都可以请求增加相应的惩罚性赔偿。在我国食品安全领域,《中华人民共和国食品安全法》,以下简称《食品安全法》(2015 年修订)第一百四十八条规定,生产不符合食品安全标准的食品或者经营明知是不符合的食品安全标准的食品,消费者可以要求生产者或经营者支付价款十倍或者损失三倍的赔偿金[134]。相比之下,我国惩罚性赔偿制度对药品损害条件的要求明显过高,既不利于保护消费者的合法权利,也不利于有效遏制药品安全领域的恶性违法行为。因此,我国应适当放宽惩罚性赔偿的适用条件,将损害条件由"造成他人死亡或者健康严重损害"修改为"造成他人健康损害和财产损害"。二是完善惩罚性赔偿金设计。考虑到药品潜在损害在现实中难以衡量的特点,建议借鉴《食品安全法》中以价款和实际损失为基数计算惩罚性赔偿金和设定最低赔偿金额的做法,进一步赋予消费者更多的选择权,这在一定程度上可以弥补对消费者造成的潜在损害,更好地保护消费者的合法权益,同时又可加大对恶性违法行为的惩罚力度,有利于消除违法获利空间。具体而言,建议在《药品管理法》法律责任相关规定中增加如下内容。

> 明知药品存在缺陷仍然生产、销售,造成他人损害的,受害人除要求赔偿损失外,还可以向生产者或者经营者要求支付价款十倍以下或者损失三倍以下的赔偿金;增加赔偿的金额不足一千元的,为一千元。但是,药品的标签、说明书存在不影响药品安全且不会对消费者造成误导的瑕疵的除外。

药品安全责任的设置、运行与发展都必须与具体的现实环境相适应,故有关结论只适用现阶段我国药品安全问题。

当前正值我国《药品管理法》修订之际,我国政府应充分利用当前国家领导人和民众对药品安全高度关注良机,借鉴国际药品立法经验,积极推动药品安全相关行政法、刑法和侵权法的修订进程,下大决心改革、完善药品安全相关法律责任不足之处,确保人民群众用药安全。

参考文献

［1］杨悦.转变监管理念　保护促进公众健康[N].中国医药报,2018-10-24.

［2］新华网.习近平:"4个最严"监管食品药品安全　把好每道防线[EB/OL].(2015-05-31)
[1/1].http://news.xinhuanet.com/finance/2015-05/31/c_127860707.htm.

［3］周延安,周文犁,刘刚,等.国内外药品安全法律责任的比较分析[J].中国药师,2015(6):
992-998.

［4］王雷,邵蓉.欧盟上市许可人制度下药品安全相关责任主体法律责任分析及其启示[J].中
国卫生产业,2015(33):7-10.

［5］袁丽,杨悦.美国FDCA框架下临床研究者造假的刑事责任研究[J].中国新药杂志,2017
(16):1873-1879.

［6］孙宇昕,魏芬芳,杨悦.美国药物临床试验法律责任研究[J].中国药物警戒,2017,14(7):
424-429.

［7］班克庆.论美国食品药品规制中的严格刑事责任及其借鉴[J].特区经济,2011(11):253-257.

［8］唐晋伟.德国药品责任制度中对潜在损害的界定——兼谈对中国药品侵权责任制度的借鉴
意义[J].德国研究,2008(2):61-64.

［9］叶正明.德国药品责任制度的法理评析及启示[J].牡丹江大学学报,2011(8):13-15.

［10］叶正明.美国药品侵权责任制度的演变及其发展趋势[J].湖南行政学院学报,2011(5):
71-77.

［11］焦艳玲,焦彦洪.论美国药品缺陷责任对我国的启示[J].中国药房,2013,24(37):
3457-3459.

［12］邵蓉,蒋正华.对企业是药品安全第一责任人的思考[J].中国药事,2009,23(10):
953-956.

［13］杨娜.我国药品安全的监管问题探析[D].山东大学,2010.

［14］朱伯科,邵蓉,边博洋.我国目前的药品安全责任体系[J].上海医药,2008,29(1):24-27.

［15］邵蓉,郑澜,胡晨希,等.药品上市许可人制度下的药品安全责任分配体系[J].中国医药工

业杂志,2013,44(6):634-638.

[16] 唐民皓,陈滨,张少辉,等.《药品管理法》法律责任实施中存在的问题及制度创新的研究[C].2009 年中国药学会药事管理专业委员会年会暨"国家药物政策与《药品管理法》修订研究"论坛,中国辽宁本溪,2009.

[17] 舒波.试论药品行政法律责任的归责原则[J].中国食品药品监管,2009(9):59-60.

[18] 詹振兴.药品侵权责任研究[D].广东药学院,2011.

[19] 徐喜荣.药品缺陷责任研究[J].2012,10(30):22-24.

[20] 叶正明.药品责任制度研究[D].湘潭大学,2004.

[21] 罗冠杰.论惩罚性赔偿制度在我国药品安全责任领域的建立[C].2009 年中国药学会药事管理专业委员会年会暨"国家药物政策与《药品管理法》修订研究"论坛,中国辽宁本溪,2009.

[22] 汤涵,杨悦,令狐昌黎,等.我国药品领域引入惩罚性赔偿制度初探[J].中国药房,2009(25):1931-1933.

[23] 冯博.从"鼓励性惩罚"到"惩罚性赔偿"——食品药品安全问题的法律经济学分析[J].法学杂志,2016(12):88-98.

[24] 许亚姣.食品药品安全领域惩罚性赔偿制度研究[D].天津财经大学,2016.

[25] 李广德.临床试验数据造假的法律规制——以法律责任的配置与完善为线索[J].行政法论丛,2016(1):140-158.

[26] 张佳佳.药品安全事件中生产者刑事责任研究[D].成都中医药大学,2014.

[27] 刘健,李辰辰.生产、销售假劣药刑事责任的认定[J].湘潭大学学报(哲学社会科学版),2012(5):52-54.

[28] 杨悦,李野.药品不良反应涉及的法律责任研究[J].中国药房,2005(17):1286-1288.

[29] 姜晓磊.我国虚假广告发布者法律责任探析[D].西南政法大学,2012.

[30] 张文显.法哲学范畴研究[M].2001 年修订出版.中国政法大学出版社,2001:16-19.

[31] 冯军.刑事责任论[M].北京:法律出版社,1996.

[32] MOSHER F. Democracy and the Public Service [M]. New York: Oxford University Press,1968:7.

[33] 现代汉语词典[M].北京:商务印书馆,2002:1574.

[34] 张文显.法学基本范畴研究[M].北京:中国政法大学出版社,1993:184.

[35] 张国庆.行政管理学概论[M].北京:北京大学出版社,2000:497.

[36] 王成栋.政府责任论[M].北京:中国政法大学出版社,1999:5.

[37] [澳]欧文·E.休斯.公共管理导论[M].张成福,王学栋,等,译.北京:中国人民大学出版社,2007:276.

[38] [美]特里·L.库珀.行政伦理学:实现行政责任的途径[M]第 5 版.张秀琴,译.北京:中国人民大学出版社,2010:74-85.

[39] [英]乔纳森·科恩.理性的对话:分析哲学的分析[M].邱仁宗,译.北京:社会科学文献出版社,1998:15.

[40] 凯尔森.法与国家的一般理论[M].沈宗灵,译.北京:中国大百科全书出版社,1996:73.

[41] [美]布赖恩加纳.布莱克法律词典(英文版)[M].美国西部出版公司,1983:1197.

[42] 张文显.法哲学范畴研究(修订版)[M].北京:中国政法大学出版社,2001:122.

[43] 刘作翔,龚向和.法律责任的概念分析[J].法学,1997(10):8-11.

[44] 冯军.刑事责任论[M].北京：法律出版社,1996：33.

[45] 张智辉.刑事责任通论[M].北京：警官教育出版社,1995：80.

[46] 林仁栋.马克思主义法学的一般理论[M].南京：南京大学出版社,1990：186.

[47] 沈宗灵主编.法理学[M].北京：北京大学出版社,2000：505.

[48] 刘彦辉.刑事责任与民事责任比较研究[M].北京：法律出版社,2017：23.

[49] 张梓太.环境法律责任研究[M].北京：商务印书馆,2005：24.

[50] 尚鹏辉,刘佳,夏悄悄,等.我国药品安全定义和范畴的系统综述和定性访谈[J].中国卫生政策研究,2009,2(6)：39-44.

[51] 胡颖廉.产业安全和质量安全：中国药品监管体制改革的逻辑[J].社会科学战线,2016(7)：207-215.

[52] 林虹.我国当前药品安全研究[D].西南财经大学,2012.

[53] 国家食品药品监督管理局办公室."十二五"规划编制前期重大问题研究报告[R].2010.

[54] 现代汉语词典[M].北京：商务印书馆,2002：1241.

[55] 陈纭.2018年国家执业药师资格考试辅导讲义·药事管理与法规[M].北京：人民卫生出版社,2018.

[56] 全国人民代表大会.中华人民共和国刑法(主席令第30号)[S].2015.

[57] 张卿.行政许可：法和经济学[M].北京：北京大学出版社,2013：91-92.

[58] 刘彦辉.刑事责任与民事责任比较研究[M].北京：法律出版社,2017：104.

[59] 全国人民代表大会.中华人民共和国民法总则[Z].2017.

[60] 刘彦辉.刑事责任与民事责任比较研究[M].北京：法律出版社,2017：32.

[61] 龚刚强."矫正的正义"视角下的我国食品安全法律责任体系及其实施中的问题——以"三鹿事件"为例[J].朝阳法律评论,2009(2)：50-62.

[62] 冯泠.美国惩罚性赔偿适用若干法律问题探究[J].四川理工学院学报(社会科学版),2007(1)：39-42.

[63] 张骐.论当代中国法律责任的目的、功能与归责的基本原则[J].中外法学,1999,11(6)：28-34.

[64] 弗里德利希·冯·哈耶克.自由秩序原理[M].上海：三联书店,1997：89-90.

[65] 罗伯特·考特,托马斯·尤伦.法和经济学[M].史晋川,等,译.第6版.上海：格致出版社,上海人民出版社,2012：178.

[66] 李珂,叶竹梅.法经济学基础理论研究[M].北京：中国政法大学出版社,2014：261.

[67] 唐家红.单位行政违法的双罚制研究[D].西南政法大学,2017.

[68] 徐晓明.行政许可后续监管体系中双罚制引入问题研究[J].现代法学,2012,34(3)：79-85.

[69] 孙敏.利益集团与中国药品安全规制制度变迁[D].东北财经大学,2010.

[70] 宋华琳.药品行政法专论[M].北京：清华大学出版社,2015：27.

[71] CFDA.中华人民共和国药品管理法(2015年修订)[EB/OL].(2015-04-24)[7/1].http://samr.cfda.gov.cn/WS01/CL1030/124980.html.

[72] CFDA.《药品召回管理办法》(局令第29号)[S].2007.

[73] CFDA.图解政策：药物临床试验数据核查阶段性报告[EB/OL].(2017-08-04)[12/31].http://www.sda.gov.cn/WS01/CL1906/175676.html.

[74] CFDA.2015年度食品药品监管统计年报[EB/OL].(2016-02-02)[10/6].http://samr.

cfda. gov. cn/WS01/CL0108/143640. html.

［75］ CFDA. 2015 年全国收回药品 GMP 证书情况统计［EB/OL］.（2015 - 12 - 25）［10/6］. http://samr. cfda. gov. cn/WS01/CL1760/139418. html.

［76］ CFDA. 2016 年度食品药品监管统计年报［EB/OL］.（2017 - 05 - 23）［10/6］. http://samr. cfda. gov. cn/WS01/CL0108/172895. html.

［77］ CFDA. 2016 年全国收回药品 GMP 证书情况统计表［EB/OL］.（2017 - 02 - 08）［10/6］. http://samr. cfda. gov. cn/WS01/CL1760/169387. html.

［78］ CFDA. 2017 年度食品药品监管统计年报［EB/OL］.（2018 - 04 - 02）［10/5］. http://samr. cfda. gov. cn/WS01/CL0108/227377. html.

［79］ CFDA. 2017 年全国收回药品 GMP 证书情况统计表［EB/OL］.（2018 - 01 - 25）［6/20］. http://samr. cfda. gov. cn/WS01/CL1760/223343. html.

［80］ 弓志军. 我国药品广告监督管理的现状与特点［J］. 中国药房,2018(7)：891 - 896.

［81］ 人民日报. 人民日报：互联网广告须"新病新治"［EB/OL］.（2018 - 07 - 11）［10/6］. http://gsj. zj. gov. cn/art/2018/7/11/art_1236112_19381749. html.

［82］ CFDA. 浙江食品药品监管部门对违法生产销售银杏叶提取物及制剂企业做出行政处罚［EB/OL］.（2016 - 03 - 09）［10/17］. http://samr. cfda. gov. cn/WS01/CL0050/146600. html.

［83］ 南方日报. 59 家药企涉银杏叶事件被罚　罚金超亿元［EB/OL］.（2016 - 03 - 22）［10/13］. http://finance. sina. com. cn/chanjing/cyxw/2016-03-22/doc-ifxqnsty4839197. shtml.

［84］ 正义网. 灵川县检察院立案监督排除一药企违法违规［EB/OL］.（2017 - 02 - 27）［10/13］. http://gx. people. com. cn/n2/2017/0327/c371995-29921731. html.

［85］ 袁春湘,丁冬,陈冲. 我国食品药品安全犯罪的治理——2008 - 2012 年全国法院审理食药犯罪案件的统计分析［J］. 人民司法,2013(19)：47 - 51.

［86］ 中国医药报. 公安部：基层食品药品案件行刑衔接仍存问题［EB/OL］.（2016 - 07 - 14）［10/8］. https://mp. weixin. qq. com/s?_biz＝MjM5MzAxMzIzNA％3D％3D&idx＝1&mid＝2650057805&scene＝4&sn=f2a0515f1d3b8aed21e6e0b63df94f03.

［87］ 全国人民代表大会. 中华人民共和国产品质量法［S］. 中华人民共和国主席令第 71 号,2009.

［88］ 全国人民代表大会. 中华人民共和国侵权责任法［EB/OL］.（2009 - 12 - 26）［7/11］. http://www. npc. gov. cn/huiyi/cwh/1112/2009-12/26/content_1533221. htm.

［89］ 宋华琳. 药品行政法专论［M］. 北京：清华大学出版社,2015：105.

［90］ 叶正明. 药品不良反应的法律定性及其后果的救济［J］. 法律与医学杂志,2005,12(1)：14 - 18.

［91］ 张晓梅. 中国惩罚性赔偿制度的反思与重构［M］. 上海：上海交通大学出版社,2015：29.

［92］ CFDA. 国家药品监督管理局关于长春长生生物科技有限责任公司违法违规生产冻干人用狂犬病疫苗的通告（2018 年第 60 号）［EB/OL］.（2018 - 07 - 15）［10/17］. http://cnda. cfda. gov. cn/WS04/CL2050/329592. html.

［93］ 新华社. 药监部门依法从严对长春长生公司违法违规生产狂犬病疫苗做出行政处罚［EB/OL］.（2018 - 10 - 16）［10/17］. http://www. gov. cn/xinwen/2018-10/16/content_5331350. htm.

［94］ 吉林省食品药品监督管理局. 2018 年第十一期食品药品行政处罚案件信息公开表（药品类）［EB/OL］.（2018 - 10 - 16）［10/25］. http://www. jlfda. gov. cn/xxgk_84894/sgs/xzcfxxgs/201810/t20181016_5153636. html.

［95］东方财富网.疫苗事件 50 天：长生中报难产　33 个跌停市值蒸发 207 亿［EB/OL］.（2018 -
09 - 03）［10/25］.http：//finance.eastmoney.com/news/1349,20180903938831120.html.

［96］国家药监局,国家卫生健康委,银保监会,等.关于发布长春长生公司狂犬病问题疫苗赔偿
实施方案的公告［EB/OL］.（2018 - 10 - 16）［10/17］.http：//www.nhfpc.gov.cn/jkj/
s7923/201810/4ce7db37e4eb4a9e89f31514442bc865.shtml.

［97］杨悦,李晓宇,刘靖杰,等.基于药品管理法修订的药品上市许可制度设计研究［J］.中国药
学杂志,2015,50(17)：1558 - 1562.

［98］GPO.21CFR：Part 312—Investigational New Drug Application ［EB/OL］.（2017 - 10 -
19）［10/23］.https：//www.ecfr.gov/cgi-bin/text-idx? SID＝81ea4690fd3b45a6ad710bae58
06eef5＆mc＝true＆node＝pt21.5.312＆rgn＝div5♯se21.5.312_170.

［99］CONGRESS.US.Federal Food,Drug,and Cosmetic Act ［EB/OL］.（2017 - 01 - 06）［7/
3］.https：//legcounsel.house.gov/Comps/Federal％20Food,％20Drug,％20And％20Cos
metic％20Act.pdf.

［100］GPO.21CFR：Part 314—Applications for FDA Appoval to Market a New Drug ［EB/
OL］.（2017 - 07 - 06）［7/10］.https：//www.ecfr.gov/cgi-bin/text-idx? SID＝10e1d81713
b7063e515ef5ab369837b7＆mc＝true＆node＝pt21.5.314＆rgn＝div5.

［101］李名石,杨悦.基于《药品管理法》修订的药品违法与侵权行为条款修改建议［J］.中国药物
警戒,2015(3)：150 - 155.

［102］FDA.CFR—Code of Federal Regulations Title 21 Part 205—Guidelines for State Licensing
of Wholesale Prescription Drug Distributors ［EB/OL］.（2017 - 08 - 14）［10/25］.https：//
www.accessdata.fda.gov/scripts/cdrh/cfdocs/cfcfr/CFRSearch.cfm? fr＝205.8.

［103］FDA.Guidance for Industry Circumstances that Constitute Delaying,Denying,Limiting,or
Refusing a Drug Inspection ［EB/OL］.（2014 - 10 - 21）［7/8］.https：//www.fda.gov/down
loads/regulatoryinformation/guidances/ucm360484.pdf.

［104］李延敏,陈蕾,张欣涛,等.美国药品广告监管模式对我国的启示［J］.中国药业,2011,20
(14)：3 - 4.

［105］FDA.CFR—Code of Federal Regulations Title 21 Part 202—Prescription Drug Advertising
［EB/OL］.（2017 - 08 - 14）［10/21］.https：//www.accessdata.fda.gov/scripts/cdrh/
cfdocs/cfcfr/CFRSearch.cfm? fr＝202.1.

［106］FDA.CFR—Code of Federal Regulations Title 21 Part 314—Applications for FDAApproval
to Market a New Drug ［EB/OL］.（2017 - 08 - 14）［6/24］.https：//www.accessdata.fda.
gov/scripts/cdrh/cfdocs/cfcfr/CFRSearch.cfm?CFRPart＝314＆showFR＝1.

［107］FDA.CFR—Code of Federal Regulations Title 21 Part 7—Enforcement Policy ［EB/OL］.
（2017 - 08 - 14）［6/25］.https：//www.accessdata.fda.gov/scripts/cdrh/cfdocs/cfCFR/
CFRSearch.cfm? CFRPart＝7＆showFR＝1＆subpartNode＝21：1.0.1.1.6.3.

［108］FMH.Medicinal Products Act ［EB/OL］.（2016 - 04 - 04）［9/18］.http：//www.gesetze-
im-internet.de/englisch_amg/englisch_amg.html♯p1019.

［109］陈永法.国际药事法规［M］.北京：中国医药科技出版社,2011：79.

［110］厚生労働省.医薬品、医療機器等の品質、有効性及び安全性の確保等に関する法律［EB/
OL］.（2018 - 09 - 04）［9/20］.https：//www.mhlw.go.jp/web/t_doc? dataId＝
81004000＆dataType＝0.

[111] FDA. FDA Debarment List (Drug Product Applications)[EB/OL]. (2017 - 02 - 27)[8/4]. https://www. fda. gov/iceci/enforcementactions/fdadebarmentlist/default. htm.

[112] 张敬礼,袁曙宏. 百年 FDA 美国药品监管法律框架[M]. 北京:中国医药科技出版社, 2008:391.

[113] JUSTICE D O. Glaxo Smith Kline to Plead Guilty and Pay ＄3 Billion to Resolve Fraud Allegations and Failure to Report Safety Data [EB/OL]. (2015 - 05 - 22)[8/8]. https://www. justice. gov/opa/pr/glaxosmithkline-plead-guilty-and-pay-3-billion-resolve-fraud-allegations-and-failure-report.

[114] 刘志强,杨悦. 美国药品安全法律责任设置的特点及其对我国的启示[J]. 中国药房,2018 (16):2161 - 2166.

[115] 李海燕. 药品侵权责任研究[D]. 黑龙江大学,2014.

[116] 李国芹,马瑞平. 从美国立法看产品责任[J]. 商场现代化,2007(1):327.

[117] 美国法律研究院. 侵权法重述第三版:产品责任[M]. 肖永平,龚乐凡,汪雪飞,译. 北京: 法律出版社,2006.

[118] 高琴. 药品缺陷侵权责任研究[D]. 南京中医药大学,2014.

[119] 陈璐. 药品侵权责任研究[M]. 北京:法律出版社,2010:45 - 46.

[120] 成蕙. 美国侵权法上"因果关系"问题研究[D]. 对外经济贸易大学,2002.

[121] 陈兰兰. 论我国产品责任立法的完善[J]. 法学论坛,1997(3):33 - 36.

[122] ALEC. Punitive Damages Standards Act [EB/OL]. (2014 - 01 - 09)[8/11]. https:// www. alec. org/model-policy/punitive-damages-standards-act/.

[123] 新浪网. 美默克公司输掉"万络"案 死者遗孀获赔 2.5 亿美元[EB/OL]. (2005 - 08 - 20) [8/10]. http://news. sina. com. cn/w/2005-08-20/14346739447s. shtml.

[124] 胡颖廉. 美国食药安全立体式惩罚体系[N]. 学习时报,1899 - 04 - 07.

[125] 叶正明. 简析德国《药品法》[J]. 湖南行政学院学报,2009(6):86 - 89.

[126] 沃尔夫冈·多伊布勒,朱岩. 德国损害赔偿法的改革[J]. 中德法学论坛,2002(第 1 辑): 19 - 30.

[127] 刘海鸥. 德国 2002 年侵权行为法改革[J]. 法律文化研究,2006(第 2 辑):485 - 493.

[128] 齐晓霞. 药害事故防范与救济制度研究[D]. 复旦大学,2011.

[129] 水木晴美. 论日本药品致害的责任问题[J]. 沈阳师范大学学报(社会科学版),2012,36 (5):36 - 39.

[130] 梁慧星. 日本制造物责任法[J]. 外国法译评,1994(4):104 - 105.

[131] 李艳岩. 中日产品责任法律制度若干问题比较[J]. 哈尔滨商业大学学报(社会科学版), 2003(5):103 - 105.

[132] 植木哲. 医疗法律学[M]. 冷罗生,淘芸,江涛等,译. 北京:法律出版社,2006.

[133] 赵敏,张子龙. 日本食品责任与制造物责任法及其对我国的启示[J]. 医学与社会,2010,23 (1):71 - 73.

[134] 全国人民代表大会常务委员会. 中华人民共和国食品安全法[S]. 2015.

索 引